शहरयार

मशहूर उर्दू शायर शहरयार आजदिन ग़ज़ल और नज़्म के बुलन्दपाया शायर माने जाते हैं। चौंकानेवाली आतिशबाज़ी से दूर उनकी शायरी में एक शाइस्तगी है, उनके शब्दों में कुछ अक्स उभरते हैं लेकिन वे सफ़र के उन पेड़ों की तरह नहीं होते जो झट से गुज़र जाते हैं बल्कि उन पेड़ों की तरह होते हैं जो दूर चलते हुए देर तक मुसाफिर का साथ देते हैं।

शहरयार की शायरी में जो शास्त्रीय रचाव, अनुभवों की विविधता, आधुनिक जीवन बोध और वक्त पर सही बात कलात्मक ढंग से कहने का सलीक़ा है, वह उन्हें दूसरों से अलग और विशिष्ट करता है। वक्त की नब्ज़ पर उनका हाथ हमेशा ही बना रहता है, इसलिए वे देश-विदेश सभी में बेहद पसन्द किए जाते हैं।

अखलाक मोहम्मद खान 'शहरयार' को वर्ष 2011 में ज्ञानपीठ पुरस्कार से नवाज़ा गया। 'शहरयार' उर्दू के चौथे साहित्यकार हैं जिन्हें ज्ञानपीठ पुरस्कार दिया गया।

क़रीबी दोस्त, प्रख्यात साहित्यकार कमलेश्वर ने उनके समूचे कलाम में से विशेष रूप से चुनकर, यह संकलन प्रस्तुत किया है और साथ ही एक बेहद रोचक भूमिका भी लिखी है।

स्थापित 1912
100 वर्षों की श्रेष्ठ प्रकाशन परम्परा
राजपाल

₹ 235

ISBN : 9788170289791

AAJ KE PRASIDDH SHAYAR : SHAHARYAR
(Selected Poetry and Life-Sketch)
Edited by Kamleshwar

मुद्रक : जी. एस. ऑफसेट, दिल्ली

राजपाल एण्ड सन्ज़
1590, मदरसा रोड, कश्मीरी गेट, दिल्ली-110006
फोन : 011-23869812, 23865483, 23867791
website : www.rajpalpublishing.com
e-mail : sales@rajpalpublishing.com
www.facebook.com/rajpalandsons

आज के प्रसिद्ध शायर

शहरयार

चुनी हुई नज़्में, ग़ज़लें, शे'र और जीवन-परिचय

संपादक
कमलेश्वर

राजपाल

परिचय

शहरयार

हिन्दुस्तानी अदब में शहरयार वो नाम है जिसने छठे दशक की शुरुआत में शायरी के साथ उर्दू अदब की दुनिया में अपना सफ़र शुरू किया। यह दौर वह था जब उर्दू शायरी में दो धाराएँ बह रह थीं और दोनों के अपने अलग-अलग रास्ते और अलग-अलग मंज़िलें थीं। एक शायरी वह थी ज़ो परम्परा को नकार कर बग़ावत को सब कुछ मानते हुए नएपन पर ज़ोर दे रही थी और दूसरी अनुभूति, शैली और जदीदियत की अभिव्यक्ति के बिना पर नया होने का दावा कर रही थी और साथ ही अपनी परम्परा को भी सहेजे थी ! शहरयार ने अपनी शायरी के लिए इस दूसरी धारा के साथ एक नए निखरे और बिल्कुल अलग अन्दाज़ को चुना—और यह अन्दाज़ नतीजा था उनके गहरे समाजी तजुर्बे का, जिसकी तहत उन्होंने यह तय कर लिया था कि बिना वस्तुपरक वैज्ञानिक सोच के दुनिया में कोई कारगर—रचनात्मक सपना नहीं देखा जा सकता। उसके बाद वे अपनी तनहाइयों और वीरानियों के साथ-साथ दुनिया की खुशहाली और अमन का सपना पूरा करने में लगे रहे ! इसमें सबसे बड़ा योगदान उस गंगा-जमुनी तहज़ीब का है जिसने उन्हें पाला-पोसा और वक्त-वक्त पर उन्हें सजाया, सँभाला और सिखाया है !

कुँवर अख़लाक मोहम्मद खाँ उर्फ शहरयार का जन्म 6 जून 1936 को आंवला, जिला बरेली में हुआ। वैसे क़दीमी रहने वाले वह चौढ़ेरा बन्नेरशरीफ़, जिला बुलंदशहर के हैं। वालिद पुलिस अफसर थे और जगह-जगह तबादलों पर रहते थे इसलिए आरम्भिक पढ़ाई हरदोई में पूरी करने के बाद इन्हें 1948 में अलीगढ़ भेज दिया गया। लेकिन यहाँ गवर्नमेन्ट स्कूल में दाखिला नहीं हो पाया, मजबूरन शहरयार को सिटी स्कूल में पढ़ना पड़ा। अब तक अंग्रेजी मीडियम से पढ़े-लिखे विद्यार्थी का उर्दू से साबका पड़ रहा था। खैर, किसी तरह स्कूली पढ़ाई पूरी करके यूनीवर्सिटी पहुँचे और फिर यहीं के हो रहे !

कुँवर अख़लाक मोहम्मद खाँ कद-काठी से मज़बूत और सजीले थे। अच्छे खिलाड़ी और एथलीट भी थे और वालिद की यह इच्छा थी कि ये उन्हीं के क़दमों

पर चलते हुए पुलिस अफसर बन जाएँ। इसके लिए उन्होंने कोशिश भी भरपूर की। दरोगाई का फॉर्म लाकर दिया गया लेकिन इन्होंने झूठ बोल दिया और फार्म जमा नहीं किया, और वालिद विरासत में जो पुलिस की वर्दी पहनाना चाहते थे, उनकी वह इच्छा पूरी नहीं हुई क्योंकि अख़लाक मोहम्मद खाँ को तो 'शहरयार' बनना था ! लालखानियों के अपने इलाके की विरासत सांझी तहजीब़ को अपने कांधों पर लेकर चलना था ! सन् 1961 में अलीगढ़ मुस्लिम विश्वविद्यालय से उर्दू में एम. ए. किया। इससे पहले इरादा था मनोविज्ञान से एम. ए. करने का। वहाँ मनोविज्ञान में एक साल बिगाड़ा भी। इसीलिए इनके दोस्त, सहपाठी और शायर-उपन्यासकार राही मासूम रज़ा इनसे एक साल आगे निकल गए ! विद्यार्थी जीवन में ही अंजुमन-ए-उर्दू-मुअल्ला के सैक्रेटरी और 'अलीगढ़ मैगज़ीन' के सम्पादक बना दिए गए और तभी से इनके इरादों ने पकना शुरू कर दिया। अपने इलाके की सांझी तहजीब ने इनके लिए मज़हब का रूप अख्तियार कर लिया ! उर्दू और हिन्दी भाषा के बीच दीवार बनावटी नज़र आने लगी। सन् 1959 में 'ग़ालिब' नाम की एक पत्रिका का प्रकाशन-सम्पादन शुरू किया लेकिन उसके सिर्फ पाँच अंक ही निकल पाए। उसके बाद मुग़नी तबस्सुम के साथ एक बहुत ही अहम अदबी रिसाला 'शेर-ओ-हिकमत' निकालना शुरू किया, जिसके कई महत्वपूर्ण अंक प्रकाशित हुए। इसके बाद 1961 से 1966 तक 'हमारी ज़बान' से जुड़े रहे !

असल में अलीगढ़ का यह वह दौर था जब एक ओर इतिहासकार मोहम्मद हबीब, प्रो. नूरुल हसन, जाने-माने अदीब डॉ. आले अहमद सरूर और प्रो. मोहम्मद अलीम एक नई पीढ़ी तैयार करने में जुटे थे जो मुल्क में जम्हूरी तहज़ीब कायम रख सके और फ़िरकापरस्ती से लड़ते हुए नए तरक्कीपसन्द अदब की तहरीर कर सके ! वहीं दूसरी ओर थे—अफ़सानानिग़ार काज़ी अब्दुस सत्तार, शायर और उपन्यासकार डॉ. राही मासूम रज़ा, जावेद कमाल, डॉ. कुँवर पाल सिंह और मुग़नी तबस्सुम, जो बुजुर्गों की दी हुई मशाल को लेकर आगे बढ़ रहे थे।

सन् 1966 में ही शहरयार विश्वविद्यालय के उर्दू विभाग में प्रवक्ता नियुक्त हुए जबकि सन् 1965 में ही इनका पहला काव्य संग्रह 'इस्मे-आज़म' प्रकाशित हो चुका था ! इसके बाद 1983 में रीडर और 1987 में वहीं प्रोफ़ेसर हो गए ! प्रोफ़ेसर बनने के साथ-साथ अलीगढ़ मुस्लिम विश्वविद्यालय की विचारप्रधान पत्रिका 'फिक्र-ओ-नज़र' के सम्पादन की ज़िम्मेदारी भी इन्हें सौंप दी गई ! अपने सम्पादन में शहरयार ने मौ. अबुल कलाम आज़ाद, हाली शिबली, नज़ीर अहमद और सर सैयद विशेषांक प्रकाशित किए जिन्हें आज भी सन्दर्भ ग्रन्थ के रूप में लिया जाता है !

सन् 1969 में इसका दूसरा काव्य-संग्रह 'सातवाँ दर' छपा। फिर 'हिज्र के मौसम' 1978 में, फिर 1985 में 'ख्याल का दर बन्द है' प्रकाशित हुआ और इसे साहित्य अकादमी अवार्ड से नवाज़ा गया ! इसके बाद 1995 में 'नींद की किरचें'

प्रकाशित हुआ। सिलसिला अब भी ज़ारी है और शहरयार बदस्तूर शे'र कह रहे हैं। और अब तो इनका समूचा काव्य लेखन नागरी लिपि में भी आ गया है और हिन्दीभाषी लोगों ने भी भरपूर स्वागत किया है !

दरअसल शहर अलीगढ़ में शहरयार की जिन्दगी का एक बहुत बड़ा हिस्सा बीता है। यहीं उन्होंने अदब और शायरी का पहला हरफ़ सीखा। इस शहर ने हिन्दी और उर्दू दोनों ही ज़ुबानों में बहुत से अदीब बनाए हैं ! फिरकापरस्ती का बदनुमा दाग भी इसी शहर के माथे पर निहित स्वार्थी लोगों ने चस्पाँ कर रखा है। पर ये शहर सांझी तहज़ीब का नुमाइंदा है और सैक्यूलर है। शहरयार इसी की देन हैं ! यह शहर नहीं बल्कि हिन्दुस्तानी तहजीब़ का एक इदारा है जहाँ हिन्दी उर्दू के बीच कोई दीवार नहीं है ! उर्दू अदबी हिन्दी लेखकों को ज्यादा अहमियत देते रहे हैं और हिन्दी लेखन पर बदस्तूर बहस करते रहे हैं। और इस सबका सिला शहरयार, काज़ी अब्दुस सत्तार और डॉ. कुँवर पाल सिंह की पीढ़ी को जाता है। ये अब भी 'संगम' नाम की एक साहित्यिक संस्था चला रहे हैं जिसमें हिन्दी-उर्दू दोनों के तरक्कीपसन्द अदीब शामिल होते हैं !

कुँवर अखलाक़ मोहम्मद खाँ 'शहरयार' की कोशिश हमेशा यही रही है कि वे शायरी के साथ-साथ अपनी घरेलू ज़िन्दगी को मुकम्मिल रख सकें ! एक वालिद की हैसियत से उन्होंने कभी अपने बेटों पर अपनी इच्छाएँ नहीं थोपीं और खुद पिता के रूप में पूरी मेहनत भी की ! वे चाहते थे कि उनका बड़ा बेटा पढ़ने-लिखने में दिलचस्पी ले, इसलिए खुद अच्छी-अच्छी कहानियाँ लिखते और उसे पढ़ने को देते ! बच्चों के लिए नज़्में लिखते और सुनाते। इसमें काफी हद तक इन्हें कामयाबी भी मिली है। आज तीनों बच्चे (दो बेटे और एक बेटी) पढ़-लिखकर अपने-अपने काम से लगे हैं। तीनों की शादियाँ हो गई हैं और शहरयार अब बच्चों की ज़िम्मेदारी से फारिग़ हैं ! लेकिन इस निहायत नर्मदिल नेक इन्सान को ज़िन्दगी के इस पड़ाव पर अकेलापन जरूर सालता होगा क्योंकि बेगम नजमा शहरयार और शहरयार साथ-साथ नहीं रहते।

यह एक अजीब-सी तकलीफदेह तनहाई है जिसे दोनों एक साथ, एक दूसरे से अलग रह के साथ-साथ जीते हैं... जिसकी गवाह उनके नाम लिखी शहरयार की नज़्म है जो किसी भी साहित्य में अपनी तरह की अकेली कविता है :

नजमा के नाम

क्या सोचती हो !
दीवारे फ़रामोशी से उधर क्या देखती हो !
आइन-ए-ख्वाब में आने वाले लम्हों में मंज़र देखो।
आँगन में पुराने नीम के साये में

भइयू के जहाज़ में बैठी हुई नन्हीं चिड़िया
क्यों उड़ती नहीं !
जंगल की तरफ जाने वाली
वह एक अकेली पगडंडी क्यों मुड़ती नहीं !
टूटी ज़ंज़ीर सदाओं की क्यों जुड़ती नहीं !
एक सुर्ख़ गुलाब लगा लो अपने जूड़े में और फिर सोचो !

●

न मालूम बेग़म साहिबा को वह समझ नहीं पाए या बेग़म साहिबा उन्हें नहीं समझ पायीं...एक सुर्ख गुलाब का फूल क्यों अलीगढ़ में नहीं मिल पाया जबकि शहरयार का नाम दोस्ती और शाइस्तगी दोनों ही शोबों में मिसाल के तौर पर लिया जाता है ! हैं भी वो एक नायाब दोस्त !

वैसे, जैसा कि अमूमन होता है, शहरयार के आस-पास के लोगों को और यूनिवर्सिटी में उनके साथियों को उनसे बहुत सारी छोटी-मोटी शिकायतें भी रही हैं—कि शहरयार साफ दो टूक बात नहीं करते, बहुत खुलते नहीं हैं। अपने में अपनी तरह से रहते हैं। कभी किसी के भले-बुरे में टांग नहीं अड़ाते, कहीं कोई बखेड़ा सामने आ जाय तो ज़रा दूर ही खड़े रहते हैं और खामोश खड़े देखते रहते हैं जैसे कुछ देखा-सुना ही न हो ! सफ़रनामा या आत्मकथा लिखने के लिए शहरयार का मानना है कि इसके लिए एक अजीब किस्म की बहादुरी की ज़रूरत होती है और उन्हें कबूल है कि वे बुज़दिल हैं और उनमें हिम्मत की कमी है !

हम में जुर्रत की कमी कल की तरह आज भी है
तिश्नगी किसके लबों पर तुझे तहरीर करूँ

शायरी में इस मुकाम तक पहुँचने के बाद भी आज शहरयार अदब पर कोई बड़ी तक़रीर नहीं करते ! न लोगों को सुनाने के लिए कभी पीछा करते हैं। लेकिन इसका मतलब यह बिल्कुल नहीं है कि जो उन्हें कहना चाहिए, कहते न हों, हाँ, ये दूसरी बात है कि कहने का तरीका उनका अपना है ! वे जो कहना चाहते हैं उसे सिर्फ शायरी के माध्यम से कहते हैं। राजनीतिक व्यवस्था और विचारधारा के मुताल्लिक उनका ज़ेहन बिल्कुल साफ है ! वे वैज्ञानिक वस्तुपरक विचारधारा में यकीन रखते हैं ! लेकिन उन्हें कोई फार्मूला कबूल नहीं है ! दुनिया में खूबसूरती का सपना देखने वाला ये शायर इस बात से नाशाद भी है कि मुल्क को जो हासिल हो जाना चाहिए था, आज़ादी के इतने वर्षों बाद भी नहीं हुआ ! उनकी शख्सियत का यह पहलू भी गौरतलब है कि यूनीवर्सिटी से रिटायर होने के बाद उन्होंने किसी एक्शटैंशन की माँग नहीं की जबकि यह एक दस्तूर सा बन गया है !

शहरयार मानवीय मूल्यों को सबसे ऊपर मानते हैं। उनका कहना है कि

'इतिहास को देखे तो सभी लोगों ने साहित्य नहीं पढ़ा लेकिन इंसानी मूल्यों ने इंसान को तरक्की का रास्ता दिखाया है।' उनका यह भी कहना है कि अदब को भाषा की सीमाओं में कैद नहीं किया जा सकता ! हिन्दी और उर्दू को लेकर तो उनका ज़ेहन एकदम साफ़ है ! वह दो टूक लइज़े में कहते हैं कि हिन्दी और उर्दू अदब और शायरी के मक़सद अलग नहीं हो सकते। मुद्दे बहुत आम हैं और उलझनें एक ही तरह की हैं ! असल में अपने ज़हनी इलाके के सवालों और सबब से ही हिन्दी-उर्दू अदब बनता है !

शायरी हो या अफ़साना शहरयार बार-बार इस बात पर ज़ोर देते हैं कि जो लिखना है जमकर लिखो और इतना लिखो कि अपने लिखे को भी जी भर के खारिज़ कर सको जिससे साहित्य जो सामने आए तो खूबसूरत और असरदार बन सके ! इसके साथ ही वह बहसों में न हिस्सा लेते हैं और न शरीक होते हैं क्योंकि वह किसी भी कीमत पर अपना सकून नहीं खोना चाहते ! उनके मुताबिक ज़िन्दगी का भी अपना एक रवैया होता है और इसके भीतर से ही शायद उनका यह फ़लसफ़ा बना है कि जो आप कर सकते हैं, वह आपको पता नहीं होता और जो आप नहीं कर सकते, उसे आप हमेशा जानते हैं। अच्छे मकसद के लिए माध्यम भी सही होना चाहिए, इसी की अव्यक्त तलाश उनकी शायरी है !

शहरयार को अपनी सभ्यता, इतिहास, भाषा और धर्म से बेहद लगाव है लेकिन इनका धर्म संस्कृति को जानने का एक रास्ता है और संस्कृति व समाज की आत्मा को पहचाने बिना शायरी नहीं की जा सकती ! जिन्दगी के मायने तलाशना बहुत मुश्किल काम है, अक्सर पर्त-दर-पर्त उधेड़ते हुए भी तलाश पूरी नहीं होती। लेकिन शहरयार इस तलाश को नहीं छोड़ते। इसीलिए वह ग़ज़ल और नज़्म लिखते ही नहीं हैं, बल्कि उनके साथ जीते हैं। लफ्जों की शिकायत, नई जुबान गढ़ने और मुहावरों की अनवरत खोज करते हुए वह पढ़ने और सुनने वालों में एक आँच-सी सुलगा देते हैं। वह अपनी शायरी में उन लफ्जों का इस्तेमाल नहीं करते जो अपने मायने खो चुके हैं। वे मुश्किल से मुश्किल और पेचीदा इंसानी जज़्बात को भी बहुत ही सीधे-साधे ढंग से पेश करने की क्षमता रखते हैं।

इसीलिए शहरयार को पढ़ते हुए रुकना पड़ता है...पर यह रुकावट नहीं, बात के पड़ाव हैं जहाँ सोच को सुस्ताना पड़ता है सोचने के लिए। चौंकाने वाली आतिशबाज़ी से दूर उनमें और उनकी शायरी में एक शब्द 'शाइस्तगी' है। शायद यही वजह है कि इस शायर के शब्दों में हमेशा कुछ सांस्कृतिक अक्स उभरते रहते हैं...सफ़र के उन पेड़ों की तरह नहीं, जो झट से गुज़र जाते हैं बल्कि उन पेड़ों की तरह जो दूर चलते हैं और देर तक सफ़र का साथ देते हैं !

शहरयार की शायरी में एक अंदरूनी सन्नाटा है। वह बिना कहे अपने वक्त के तमाम तरह के सन्नाटों से बाबस्ता हो जाता है...सोच में डूबे हुए यह सन्नाटे

जब दिल की बेचैन बस्ती में गूँजते हैं तो कभी निहायत निजी बात कहते हैं, कभी इतिहास के पन्ने पलट देते हैं, कभी डायरी की इबारत बन जाते हैं। कभी उसी इबारत पर पड़े आँसुओं के छीटों से मिट गए या बदशक्ल हो गए अल्फ़ाज़ को नए अहसास के सांस से दुबारा ज़िन्दा कर देते हैं... शायद इसलिए शहरयार की शायरी मुझे एकान्तिक खलिश और शिकायती तेवर से अलग बड़ी गहरी सांस्कृतिक सोच की शायरी लगती है, जो दिलो-दिमाग़ की बंजर बनाती गई ज़मीन को सींचती है।

शहरयार एक ख़ामोश शायर है जो बात को ऊँची आवाज़ में पेश करना मुनासिब नहीं समझते, लेकिन जो कुछ उनके अन्दर के बियाबान में बीतता और ज़हनी सतह पर घटित होता है, वह जब इस कठिन दौर की खामोशी से जुड़ता है तो एक समवेत चीखती आवाज़ में बदल जाता है। बड़े अनकहे तरीके से अपनी ख़ामोशी-भरी शाइस्ता आवाज़ को रचनात्मक चीख में बदल देने का यह फ़न शहरयार की महत्त्वपूर्ण कलात्मक उपलब्धि है जो बरास्ते फ़ैज़ और फ़िराक़ से कतरा कर उन्होंने हासिल की है। मुझे तो लगता है कि फ़ैज़ की साफ़बयानी और फ़िराक़ की गहरी तनकीदी और तहज़ीबी कोशिश को उनसे कतरा करके भी शहरयार ने उन्हीं की तरह, लेकिन उनसे अलग वो इशारे पैदा किए हैं जो कविता के इशारे होते हुए भी इन्सान के बेचैन इशारे बन जाते हैं—'ग़मे जाना' के साथ-साथ 'ग़मे दौरां' के इशारे।

शहरयार की खूबी यही है कि उनकी रचना का चेहरा निहायत व्यक्तिगत है, लेकिन उसमें झाँकिए तो अपना और फिर धीरे-धीरे वक्त का बदहाल चेहरा झाँकने लगता है। उनकी शायरी में हर इंसानी और कुदरती मौसम के साथ-साथ वह शऊर मौजूद है, जो तुकबन्दी को तोड़कर अश्ऊर और बात को बेतुका होने से बचाता है, जहाँ ग़ज़ल का फ़न नहीं, हर मौसम की हल्की हवा की तरह बात अपनी बात कहती है और वह बात एक यादगार ग़ज़ल या नज़्म बन जाती है। इसमें न कुछ रेशमी है, न तो सूती, यह बस भीगी बालू की तरह भारी, हमवार और सराबोर है। शहरयार की शायरी की इसी भीगी बालू को निचोड़ा नहीं जा सकता; बस, इतना महसूस किया जा सकता है कि इसके नीचे या तो गहरे अहसास की कोई नदी है या तहज़ीबी अहसास का कोई समुन्दर !

दिमाग़ी या वक्ती जद्दोजहद के दौरान जैसे कभी मैं अपनी माँ की तस्वीर देखता हूँ या मीराबाई की तन्मय लाइनें याद करता हूँ या केदारनाथ अग्रवाल की केन-किनारे की कविताएँ गुनगुनाता हूँ या नागार्जुन को पढ़ते-पढ़ते मैदान-ए-जंग में उतर जाता हूँ या दुष्यन्त की पंक्तियों के साथ आज के बदशक्ल और बदहाल हालात की गलियों में बदनुमा चेहरों को पहचानने के लिए उतर जाता हूँ और 'यह सूरत बदलनी चाहिए' के उद्घोष में शामिल हो जाता हूँ, कुछ उसी तरह मैं शहरयार की शायरी को इस लहूलुहान तहज़ीब के मुश्किल वक्त में आए हुए दोस्त

के ख़त की तरह पाता हूँ...

शहरयार ने काल्पनिक सृजन संसार की बजाय दुनिया की असलियत को ग़ज़लों के लिए चुना है। उनका एक ही सपना है कि दुनिया में अमन, सकून और खुशहाली का माहौल हो। आँख और ख्वाब के बीच शायरी बुनता और गुनता यह शायर हार मानने को तैयार नहीं है और यह हार न मानने की ज़िद ही शहरयार को एक बुलंदपाया शायर बना देती है। उन्होंने कभी अपनी शायरी को सियासी प्रचार का माध्यम नहीं बनाया है बल्कि उसकी कलात्मक तराश के साथ अपनी समाजी चिंता को बरक़रार रखा है ! कलात्मकता का यह रूप उन्हें आधुनिक तो बनाता ही है, साथ ही अपने समय के साथ ला खड़ा करता है ! शायर हमेशा अपने युग से दो-चार होता नज़र आता है !

माना साहिल दूर बहुत है
माना दरिया है तूफानी
कश्ती पार नहीं होने की
आखिर कोशिश तो करनी है।

या फिर

जो जहाँ है कदम जमाए रहे
क्या ख़बर कब ज़मीन चलने लगे

एक बुलंदपाया शायर की शायरी उसके अपने तनहा लमहों में जन्म लेती है और इंसानी ज़िन्दगी से प्यार और शायर के सरोकार इसमें रंग भरने का काम करते हैं। इन्सानी ज़िन्दगी में पैदा हुए दर्द और उलझनें अक्सर उनके दिल को छू जाती हैं और मौजूदा समाजी हालात को वह कबूल नहीं कर पाते। साथ ही एक मौजू सवाल पेश कर देते हैं :

तुम्हारे शहर में कुछ भी हुआ नहीं है क्या
कि तुमने चीखों को सचमुच सुना नहीं है क्या

मैं इक ज़माने से हैरान हूँ कि हाकिम-ए-शहर
जो हो रहा है उसे देखता नहीं है क्या

ये तो शायर की एक बेचैनी है जिसके तहत वह पूरी व्यवस्था और यथास्थिति को कुरेदता है। लेकिन वह मायूस नहीं होता, और सपने देखना बन्द नहीं करता ! उसे अब भी उम्मीद है कि इस बदहाली की आँधी में भी शमां जलाने की जरूरत बाक़ी है।

आँधी की ज़द में शम्ए-तमन्ना जलाई जाए
जिस तरह भी हो लाज जुनूँ की बचाई जाए।

शायर अपने इन्हीं समाजी सरोकारों की वजह से एक साधनारत विद्रोही का रूप अख्तियार कर लेता है और व्यंग्य का सहारा लेता है क्योंकि बिगड़े समाजी और सियासी माहौल का खुलासा करने और उसे बिगाड़ने वालों के खिलाफ़ व्यंग्य सबसे पुख्ता हथियार है ! शहरयार व्यंग्य के माध्यम से समाज के उन बदनुमा धब्बों की ओर अक्सर इशारा करते हैं और उन पर सवालिया निशान लगा देते हैं !

जो बुरा था कभी, वह हो गया अच्छा कैसे
वक्त के साथ मैं इस तेज़ी से बदला कैसे

इसी की एक और मिसाल जिसमें शायर ऐसे माहौल और लोगों से निज़ात पाने के लिए उकसाता है :

तमाम शहर आग की लपेट में है
हजूर कब से मीठी नींद सो रहे हैं, भागिए।

अब और कुछ न देखिये, अब और कुछ न सोचिए
तमाम शहर भाग की लपेट में है, भागिए।

शहरयार की शायरी में आज के शहरी जीवन और औद्योगिक विकास के बीच गिरते इन्सानी मूल्यों को लेकर बेहद चिन्ता है। इस औद्योगिक विकास से समाज तरक्की नहीं कर रहा। नएपन के नाम में अतीत की झूठी और वायवी चेतना का कई रूपों में प्रचार-प्रसार किया जा रहा है, इसीलिए जीवन मूल्यों का दिया जलाए रहने के लिए शायर कसम खाता है :

तेज़ हवा में जला दिल का दिया आज तक
ज़ीस्त से एक अहद था, पूरा किया आज तक।

आज का सबसे बड़ा सच यह है कि पूरा परिवेश एक गम्भीर संकट में जकड़ गया है। हमारे समाज की कोई भी इकाई ऐसी नहीं है जो आशंकाओं की लपटों से झुलसी न हो, आपसी संवेदनाओं ने दम तोड़ दिया है। एक तन्हाई का ताना बाना चारों ओर है और इस अकेलेपन ने शायर को एक ऐसी स्थिति में पहुँचा दिया है कि वह सिर्फ इन्तज़ार कर रहा है :

सूरज का सफ़र खत्म हुआ रात न आई,
हिस्से में मेरे ख्वाबों की सौगात न आई !

यूँ डोर को हम वक्त की पकड़े तो हुए थे
इक बार मगर छूटी तो फिर हाथ न आई।

हर सिम्त नजर आती हैं बे-फ़स्ल जमीनें,
इस साल भी इस शहर में बरसात न आई।

अकेलापन शहरयार को सबसे ज्यादा तकलीफ़ देता है—जिसे वह कबूल करते हैं कि अगर मैं अकेला न हो गया होता तो सिगरेट पीना कभी न छोड़ता क्योंकि डॉक्टरों ने मुझे डरा दिया है और इस अकेलेपन में मैं बीमार होना अफोर्ड नहीं कर सकता। लेकिन फिर भी शायर मायूस और निराश नहीं होता और खुली आँखों से एहसास के सपने देखना शुरू कर देता है और वह सपने अमानवीयता और संवेदनहीनता के खिलाफ जब एक मुहिम बन जाते हैं तो अन्दर तक उतर जाते हैं। ये उसकी मिसाल है :

दिन के सहरा से जब बनी जां पर
एक मुब्हम सा-आसरा पाकर
हम चले आए इस तरफ और अब
रात के इस अथाह दरिया में
ख्वाब की कश्तियों को खेते हैं !

शहरयार ग़ज़ल और नज़्म के आज बेहद लोकप्रिय और बुलंदपाया शायर हैं। उनकी ग़ज़लों में शास्त्रीय रचाव, अनुभव संसार की विविधता, आधुनिक जीवन-बोध और वक्त पर सही बात कलात्मक ढंग से कहने का सलीका उन्हें दूसरे ग़ज़लकारों और शायरों से अलग और विशिष्ट बना देता है। वे अपनी सामाजिक भूमिका कभी नहीं भूलते और कहते भी हैं कि अगर अदीब सामाजिक फर्ज़ भूल गया तो वह सृजन नहीं कर सकता। और अपनी सामाजिक भूमिका को निवाहने के लिए सोच की विचारधारा जरूरी है ! वैचारिक द्ररिद्रता अफसोस और शर्म के अलावा कुछ नहीं दे सकती। वह मानते हैं आज माहौल खराब है, फिर भी उम्मीद नहीं छोड़ते !

आज का दिन हाँ बहुत अच्छा नहीं तस्लीम है !
आने वाला दिन बहुत बेहतर है मेरी राय है ! !

उन्हें फिल्मों और मुशायरों से परहेज नहीं है। वह उन्हें अवाम तक अपनी बातें पहुँचाने का ज़रिया मानते हैं, क्योंकि साहित्य के पाठकवर्ग में निरन्तर कमी होने की तकलीफ उन्हें सालती है ! इसीलिए 'उमराव जान' में उनकी ग़ज़लों को जो शोहरत मिली उससे खुशी हुई क्योंकि वे अवाम तक पहुँचे थे। इसके अलावा फिल्म मीडिया में हल्की-फुल्की शायरी की जगह उनकी इस गम्भीर किस्म की शायरी को

सराहा गया, इसके लिए वह मुज़फ्फर अली की तारीफ़ भी करते हैं जिन्होंने अपनी फिल्म 'गमन' बनाते वक्त गीत लिखवाये नहीं बल्कि उनकी शायरी का इस्तेमाल किया और गम्भीर ग़ज़ल लोगों की जुबान पर चढ़कर बेहद लोकप्रिय हुई—

सीने में जलन आँखों में तूफान सा क्यूँ है,
इस शहर में हर शख़्स परेशान सा क्यूँ है।

दिल है तो धड़कने का बहाना कोई ढूँढ़े,
पत्थर की तरह बे-हिसो-बेजान सा क्यूँ है।

तनहाई की ये कौन सी मंज़िल है रफ़ीको
ता-हद्दे-नज़र एक बियाबान सा क्यूँ है।

क्या कोई नई बात नज़र आती है हम में,
आईना हमें देख के हैरान सा क्यूँ है।

लेकिन फ़िल्मी गीत लिखने से भी उन्हें कोई ऐतराज़ नहीं है। वह बनी-बनाई धुनों पर भी गीत लिखने से कतराते नहीं जिसकी मिसाल 'जूनी' और 'दामन' हैं। उनका कहना है आखिर अलफाज़ तो हमारे ही होंगे और बात भी हम ही कहेंगे ! दरअसल एक अच्छे मकसद के लिए माध्यम कोई भी हो, उससे कतराना नहीं चाहिए। माध्यम को समझने और बात कहने के आधुनिकतम तरीकों को इस्तेमाल करने की यह इच्छा ही उन्हें बदस्तूर लोकप्रियता की ओर ले जा रही है। इन्सानपरस्ती के लिए बेचैनी इस हद तक है कि वह कह उठते हैं :

ज़िन्दगी जैसी तमन्ना भी नहीं कुछ कम है
हर घड़ी होता है अहसास कहीं कुछ कम है।

और फिर एक तरफ शहरयार बहुत निजी तरह से वक्त और दिल की कैफ़ियत भी बयान करते चलते हैं :

यह क्या हुआ कि तबियत सँभलती जाती है
तेरे बगैर भी यह रात ढलती जाती है

मैं अपने को पहचानता किस तरह
कि आईने थे मेरे घर में बहुत

तेरे सिवा भी कोई मुझे याद आने वाला था
मैं वरना हिज्र से कब घबराने वाला था

अजीब चीज़ है ये वक्त जिसको कहते हैं
कि आने पाता नहीं और बीत जाता है

किस किस तरह से मुझको न रुस्वा किया गया
ग़ैरों का नाम मेरे लहू से लिखा गया

इनके पीछे न चलो इनकी तमन्ना न करो
साये फिर साये हैं कुछ देर में ढल जाएँगे

वो भी मुझको भूल चुका है, मैं भी उसको भूल गया
ऐ यादो ! अब तुमने लगा रक्खा है आना जाना क्यूँ

तो यह शहरयार ने तरह-तरह और नए से नए अन्दाज़ में अपनी बात कही है। शायर की इसी छटपटाहट के तहत उनकी शायरी नें जो करवटें बदली हैं, उसमें पुरानी सलवटें नहीं हैं।

सबसे बड़ी तसल्ली की बात यह है कि इस बदलते हुए बेचैन समय और इस बदहवास दौर में हमारे साथ आजाद भारत का पहला विद्रोही शायर दुष्यन्त कुमार मौजूद है और मुकम्मिल तहज़ीब का नक्शा तैयार करने वाला शायर शहरयार भी हमारे साथ है !

पुनश्च

और शहरयार की यह ताज़ातरीन ग़ज़ल :

स्याह रात नहीं लेती है नाम ढलने का
यही तो वक्त है सूरज तेरे निकलने का

यहाँ से गुज़रे हैं, गुज़रेंगे हमसे अहले-वफ़ा
यह रास्ता नहीं परछाइयों के चलने का

कहीं न सबको समंदर बहा के ले जाए
यह खेल खत्म करो कश्तियाँ बदलने का

5/116 इरोज़ गार्डन
सूरजकुण्ड रोड, नयी दिल्ली-110044

क्रम

स्याह रात नहीं लेती है नाम ढलने का
यही तो वक्त है सूरज तेरे निकलने का

कारे–दुनिया[1] से फ़रोमाया[2] मुहब्बत निकली
अह्ले-दिल में भी बहुत जीने की हसरत निकली

तुम कहो ज़ीस्त[3] को किस रंग में देखा तुमने
ज़िंदगी अपनी तो ख़्वाबों की अमानत निकली

इब्तदा इश्क़ से अफ़सान-ए-हस्ती[4] की हुई
इंतिहा उसकी मगर सिर्फ़ मुरव्वत निकली

जू-ए-ख़ूँ[5] आँखों से हमने भी बहाई लेकिन
कम हुआ बोझ ही दिल का, न कुदूरत निकली

फिर कोई मंज़िले-बेनाम बुलाती है हमें
रहनुमाई के लिए धूप की शिद्दत निकली

पास की चीज़ों पे दूरी के धुँधलके छाए
बिछड़े लोगों से मुलाक़ात की सूरत निकली

---

1. दुनिया के व्यापार; 2. कमीनी; 3. जीवन; 4 जीवन की कहानी; 5. खून की धारा

सीने में जलन, आँखों में तूफ़ान-सा क्यों है
इस शहर में हर शख़्स परीशान-सा क्यों है

दिल है तो धड़कने का बहाना कोई ढूँढे
पत्थर की तरह बेहिसो-बेजान-सा[1] क्यों है

तनहाई की ये कौन-सी मंज़िल है रफ़ीको[2]
ता—हद्दे-नज़र[3] एक बयाबान-सा क्यों है

हमने तो कोई बात निकाली नहीं ग़म की
वो ज़ूद-पशेमान[4], पशेमान[5]-सा क्यों है

क्या कोई नई बात नज़र आती है हममें
आईना हमें देखके हैरान-सा क्यों है

---

1. भावनाशून्य और निष्प्राण; 2. साथियों; 3. निगाह की सीमा तक; 4. जल्द शरमानेवाला; 5. शरमिंदा

निशाते-ग़म[1] भी मिला रंजे-शादमानी[2] भी
मगर वो लम्हे बहुत मुख़्तसर थे, फ़ानी भी

खुली है आँख कहाँ, कौन मोड़ है यारो
दयारे-ख़्वाब[3] की बाक़ी नहीं निशानी भी

रगों में रेत की इक और तह जमी देखो
कि पहले जैसी नहीं ख़ून में रवानी भी

भटक रहे हैं तआक़्क़ुब[4] में अब सुराबों[5] के
मिला न जिनको समंदर से बूँद पानी भी

ज़मीं भी हमसे बहुत दूर होती जाती है
डरा रही है ख़िलाओं[6] की बेकरानी[7] भी

तवील[8] होने लगी हैं इसीलिए रातें
कि लोग सुनते-सुनाते नहीं कहानी भी

---

1. दुख का आनंद; 2. प्रसन्नता का दुख; 3. सपनों का देश; 4. पीछा; 5. मरीचिकाओं; 6. शून्य; 7. असीम विस्तार; 8. लंबी

ज़िंदगी भेस नए शामो-सेहर[1] बदला की
आँख का काम था बस देखना सो देखा की

रंगे-वहशत से सभी रंग बहुत धुँधले थे
शहर का ख़ाका था, तसवीर बनी सेहरा की

क़तर-ए-अश्क से आँखों का भरम बाक़ी है
छीन ले जाए न उसको भी हवा दुनिया की

प्यास का क्या था, सुराबों[2] से भी बुझ सकती थी
याद आती रही हर आन[3] मगर दरिया की

ता[4] न फिर ख़ोश-ए-गंदुम[5] से पशेमानी[6] हो
दिल में हर शख़्स ने जीने की हविस पैदा की

1. सुबह-शाम; 2. मरीचिकाओं; 3. क्षण; 4. ताकि; 5. गेहूँ की बाली; 6. शरमिंदगी

हवा, तू कहाँ है, ज़माने हुए
समंदर के पानी को ठहरे हुए

लहू सबका-सब आँख में आ गया
हरे फूल से जिस्म पीले हुए

जुनूँ का हर इक नक़्श मिटकर रहा
हविस के सभी ख़्वाब पूरे हुए

मनाज़िर[1] बहुत दूर और पास हैं
मगर आइने सारे धुँधले हुए

जहाँ जाइए रेत का सिलसिला
जिधर देखिए शहर उजड़े हुए

बड़ा शोर था जब समाअत[2] गई
बहुत भीड़ थी जब अकेले हुए

हँसो आसमाँ बे-उफ़क़[3] हो गया
अँधेरे घने और गहरे हुए

---

1. दृश्य (बहुवचन में); 2. श्रवणशक्ति; 3. क्षितिज से रहित;

सुनो अपनी ही बाज़गश्तें[4], सुनो
करो याद अफ़साने भूले हुए

चलो जंगलों की तरफ़ फिर चलो
बुलाते हैं फिर लोग बिछड़े हुए

---

4. प्रतिध्वनियाँ

शबे-गम़ क्या करें कैसे गुज़ारें
किसे आवाज़ दें किसको पुकारें

सरे-बामे-तमन्ना[1] कुछ नहीं है
किसे आँखों से इस दिल में उतारें

वही मुबहम[2]-सी सरगोशी[3] हवा की
वही अफ़सुर्दा[4] शमओं की क़तारें

वही धुँधले-से नन्हे-नन्हे साये
वही सूनी, सिसकती, रहगुज़ारें

कहाँ तक याद ग़मख़्वारी[5] करेगी
कहाँ तक जुल्फ़े-तनहाई सँवारें

मगर इसके सिवा चारा ही क्या है
ख़िला में इक नया चेहरा उभारें

उठो नींदों से आँखों को जलाएँ
चलो ख़्वाबों की परियों को पुकारें

---

1. इच्छाओं की छत पर; 2. अस्पष्ट; 3. फुसफुसाहट; 4. उदास; 5. दुख बँटाना, हमदर्दी

पहले नहाई ओस में फिर आँसुओं में रात
यूँ बूँद-बूँद उतरी हमारे घरों में रात

कुछ भी दिखाई देता नहीं दूर-दूर तक
चुभती है सूइयों की तरह जब रगों में रात

वो खुरदरी चटानें, वो दरिया, वो आबशार[1]
सब कुछ समेट ले गई अपने परों में रात

आँखों को सबकी नींद भी दी, ख़्वाब भी दिए
हमको शुमार करती रही दुश्मनों में रात

बे-सिम्त[2] मंज़िलों ने बुलाया है फिर हमें
सन्नाटे फिर बिछाने लगी रास्तों में रात

1. झरने; 2. दिशाहीन

शमए-दिल, शमए-तमन्ना न जला, मान भी जा
तेज़ आँधी है, मुख़ालिफ़ है हवा, मान भी जा

ऐसी दुनिया में जुनूँ, ऐसे ज़माने में वफ़ा
इस तरह ख़ुद को तमाशा न बना, मान भी जा

कब तलक साथ तेरा देंगे ये धुँधले साये
देख नादान न बन, मेरा कहा मान भी जा

ज़िंदगी में अभी ख़ुशियाँ भी हैं, रानाई भी
ज़िंदगी से अभी दामन न छुड़ा, मान भी जा

शह्र फिर शह्र है, याँ जी तो बहल जाता है
शह्र से भाग के सेहरा को न जा, मान भी जा

फिर न कुछ होगा अगर बाद में पछताया तू
वक़्त है अब भी, ज़रा होश में आ, मान भी जा

सूरज का सफ़र ख़त्म हुआ, रात न आई
हिस्से में मिरे ख़्वाबों की सौग़ात न आई

मौसम ही पे हम करते रहे तब्सरा[1] ता-देर[2]
दिल जिससे दुखे ऐसी कोई बात न आई

यूँ डोर को हम वक़्त की पकड़े तो हुए थे
इक बार मगर छूटी तो फिर हाथ न आई

हमराह[3] कोई और न आया तो गिला क्या
परछाईं भी जब मेरी मेरे साथ न आई

हर सिम्त नज़र आती हैं बे-फ़स्ल ज़मीनें
इमसाल[4] भी इस शह्र में बरसात न आई

1. टिप्पणी; 2. देर तक; 3. साथ; 4. इस साल

हम पढ़ रहे थे ख़्वाब के पुर्ज़ों को जोड़ के
आँधी ने ये तिलिस्म भी रख डाला तोड़ के

आगाज[1] क्यों किया था सफ़र इन ख़िलाओं[2] का
पछता रहे हो सब्ज़ ज़मीनों को छोड़ के

इक बूँद ज़हर के लिए फैला रहे हो हाथ
देखो कभी ख़ुद अपने बदन को निचोड़ के

कुछ भी नहीं जो ख़्वाब की सूरत दिखाई दे
कोई नहीं जो हमको जगाए झिंझोड़ के

इन पानियों से कोई सलामत नहीं गया
है वक़्त अब भी किश्तियाँ ले जाओ मोड़ के

---

1. आरंभ; 2. अंतरिक्षों

अजीब सानिहा[1] मुझ पर गुज़र गया यारो
मैं अपने साये से कल रात डर गया यारो

हर एक नक़्श तमन्ना का हो गया धुँधला
हर एक ज़ख़्म मेरे दिल का भर गया यारो

भटक रही थी जो किश्ती वो ग़र्क़े-आब[2] हुई
चढ़ा हुआ था जो दरिया उतर गया यारो

वो कौन था, कहाँ का था, क्या हुआ था उसे
सुना है आज कोई शख़्स मर गया यारो

मैं जिसको लिखने के अरमान में जिया अब तक
वरक़-वरक़ वो फ़साना बिखर गया यारो

---

1. दुर्घटना; 2. पानी में डूब गई

हर एक सिम्त ख़मोशी है, रात काली है
न जाने कौन-सी उफ़्ताद[1] पड़ने वाली है

ये कौन मोड़ है ऐ ज़िंदगी कि दिल अपना
ख़ुशी से भी है तही[2], दर्द से भी ख़ाली है

वो देखो रेत की तह और भी दबीज़[3] हुई
हमारी प्यास बुझी है, न बुझने वाली है

बना हुआ है अज़ल[4] से निगाह का मरकज़[5]
वह इक उफ़क़ कि जहाँ धुंध है न लाली है

अज़ाब[6] कोई भी तनहाइयों का सह न सका
हर एक शख़्स ने इक अंजुमन[7] बना ली है

---

1. मुसीबत; 2. ख़ाली; 3. मोटी; 4. आदि-काल; 5. केंद्र; 6. कष्ट; 7. सभा, महफ़िल

तुझसे बिछड़े हैं तो अब किससे मिलाती है, हमें
ज़िंदगी देखिए क्या रंग दिखाती है हमें

मरक़ज़े-दीद-ओ-दिल[1] तेरा तसव्वुर[2] था कभी
आज इस बात पे कितनी हँसी आती है हमें

फिर कहीं ख़्वाबो-हक़ीकत का तसादुम[3] होगा
फिर कोई मंज़िले-बेनाम बुलाती है हमें

दिल में वो दर्द न आँखों में वो तुग़ियानी[4] है
जाने किस सिम्त ये दुनिया लिए जाती है हमें

गर्दिशे-वक़्त[5] का कितना बड़ा एहसाँ है कि आज
ये ज़मीं चाँद से बेहतर नज़र आती है हमें

---

1. दृष्टि और हृदय का केंद्र; 2. कल्पना; 3. टकराव; 4. लहरों का चढ़ाव; 5. समय-चक्र

हज़ार बार मिटी और पायमाल हुई है
हमारी ज़िंदगी तब जाके बेमिसाल हुई है

इसी सबब से तो परछाईं अपने साथ नहीं है
सऊबते-सफ़रे-शौक़[1] से निढाल हुई है

सुकून फिर भी तो वहशतसरा-ए-दिल में नहीं है
निगाहे-यार अगरचे शरीके-हाल[2] हुई है

ख़ुशी के लम्हे तो जूँ-तूँ गुज़र गए यहाँ पर
बस एक साइते-ग़म[3] काटनी मुहाल हुई है

लकीर नूर की जो आसमाने-दिल पे बनी है
अँधेरी रात का हमला हुआ तो ढाल हुई है

1. प्रेम की यात्रा के कष्ट; 2. सुख-दुख में शामिल; 3. दुख की घड़ी

दिल में उतरेगी तो पूछेगी जुनूँ कितना है
नोके-ख़ंजर ही बताएगी कि ख़ूँ कितना है

आँधियाँ आईं तो सब लोगों को मालूम हुआ
परचमे-ख़्वाब[1] ज़माने में निगूँ[2] कितना है

जमा करते रहे जो अपने को ज़र्रा-ज़र्रा
वो ये क्या जानें बिखरने में सुकूँ कितना है

वो जो प्यासे थे, समंदर से भी प्यासे लौटे
उनसे पूछो कि सुराबों में फुसूँ[3] कितना है

एक ही मिट्टी से हम दोनों बने हैं लेकिन
तुझमें और मुझमें मगर फ़ासला यूँ कितना है

1. सपनों का परचम; 2. नतमस्तक; 3. जादू

फिर फ़िज़ूँ[1] हो दिल की वहशत, सरगरानी[2] कम न हो
आँख के गहरे समंदर तेरा पानी कम न हो

एक ज़र्रे में सिमट आए जहाने-आबो-गुल[3]
दश्ते-तनहाई[4] की लेकिन बेकरानी[5] कम न हो

या कभी हमको ख़याले-चश्म-ए-हैवाँ[6] न आए
या सुराबों के सफ़र की शादमानी[7] कम न हो

बढ़ रहा है फिर रगों में बर्फ़ जम जाने का ख़ौफ़
जागते जीते लहू तेरी रवानी[8] कम न हो

---

1. बढ़ जाए; 2. मुसीबत; 3. पार्थिव जगत; 4. अकेलेपन का रेगिस्तान; 5. असीमता; 6. पशुओं की आँखों का विचार; 7. प्रसन्नता; 8. प्रवाह

ऐसे हिज्र के मौसम कब-कब आते हैं
तेरे अलावा याद हमें सब आते हैं

जागती आँखों से भी देखो दुनिया को
ख़्वाबों का क्या है वो हर शब आते हैं

जज़्ब करे क्यों रेत हमारे अश्कों को
तेरा दामन तर करने अब आते हैं

अब तो सफ़र की ताब नहीं बाक़ी वरना
हमको बुलावे दश्त से जब-तब आते हैं

काग़ज़ की किश्ती में दरिया पार किया
देखो हमको क्या-क्या करतब आते हैं

आँख की ये एक हसरत थी कि बस पूरी हुई
आँसुओं में भीग जाने की हवस पूरी हुई

आ रही है जिस्म की दीवार गिरने की सदा[1]
इक अजब ख़्वाहिश थी जो अबके बरस पूरी हुई

इस ख़िज़ाँ-आसार[2] लम्हे की हिकायत[3] है यही
इक गुले-नाआफ़रीदा[4] की हवस पूरी हुई

आग के शोलों से सारा शह्र रौशन हो गया
हो मुबारक, आरज़ू-ए-ख़ारो-ख़स पूरी हुई

कैसी दस्तक थी कि दरवाज़े मुक़फ़्फ़ल[5] हो गए
और उसके साथ रूदादे-क़फ़स[6] पूरी हुई

---

1. आवाज़; 2. पतझड़ जैसे; 3. कहानी; 4. अनखिला फूल; 5. बंद; 6. क़ैद की कहानी।

ज़िंदगी जैसी तवक़्क़ा[1] थी नहीं, कुछ कम है
हर घड़ी होता है एहसास कहीं कुछ कम है

घर की तामीर[2] तसव्वुर[3] ही में हो सकती है
अपने नक़्शे के मुताबिक़ ये ज़मीं कुछ कम है

बिछड़े लोगों से मुलाक़ात कभी फिर होगी
दिल में उम्मीद तो काफ़ी है, यक़ीं कुछ कम है

अब जिधर देखिए लगता है कि इस दुनिया में
कहीं कुछ चीज़ ज़ियादा है, कहीं कुछ कम है

आज भी है तेरी दूरी ही उदासी का सबब[4]
ये अलग बात कि पहली-सी नहीं, कुछ कम है

---

1. आशा; 2. निर्माण; 3. कल्पना; 4. कारण

ज़ख़्मों को रफ़ू कर लें, दिल शाद[1] करें फिर से
ख़्वाबों की कोई दुनिया आबाद करें फिर से

मुद्दत हुई जीने का एहसास नहीं होता
दिल उनसे तक़ाज़ा कर बेदार[2] करें फिर से

मुजरिम के कटहरे में फिर हमको खड़ा कर दो
हो रस्मे-कुहन[3] ताज़ा, फ़रियाद क़रें फिर से

ऐ अह्ले-जुनूँ देखो ज़ंजीर हुए साये
हम कैसे उन्हें, सोचो, आज़ाद करें फिर से

अब जी के बहलने की है फिर एक यही सूरत[4]
बीती हुई कुछ बातें हम याद करें फिर से

---

1. प्रसन्न; 2. जाग्रत; 3. पुरानी रस्म; 4. उपाय

नींद की ओर से पलकों को भिगोए कैसे
जागना जिसका मुक़द्दर हो वो सोए कैसे

रेत दामन में हो या दश्त में, बस रेत ही है
रेत में फ़स्ले-तमन्ना[1] कोई बोए कैसे

ये तो अच्छा है, कोई पूछनेवाला न रहा
कैसे कुछ लोग मिले थे हमें, खोए कैसे

रूह का बोझ तो उठता नहीं दीवाने से
जिस्म का बोझ मगर देखिए ढोए कैसे

वर्ना सैलाब[2] बहा ले गया होता सब कुछ
आँख को ज़ब्त की ताकीद है, रोए कैसे

---

1. इच्छाओं की खेती; 2. बाढ़

शाम की दहलीज़ तक आई हवा
और फिर आगे न चल पाई हवा

आँख इस मंज़र को कैसे भूल पाए
फूल मुरझाए तो मुरझाई हवा

ख़ुश्क पत्तों के सिवा कुछ भी न था
शाख़ से उतरी तो पछताई हवा

रेत फैली और फैली दूर-दूर
आसमाँ से क्या ख़बर लाई हवा

आइने बेअक्स हैं, मुद्दत हुई
देख के यह आँख भर लाई हवा

देख दरिया को कि तुग़ियानी[1] में है
तू भी मेरे साथ अब पानी में है

नूर[2] ये उस आख़िरी बोसे का है
चाँद-सा क्या तेरी पेशानी[3] में है

मैं भी जल्दी में हूँ, कैसे बात हो
तू भी लगता है परीशानी में है

मुद्दई[4] सूरज का सारा शह्र है
रात ये किसकी निगहबानी[5] में है

सारे मंज़र एक से लगने लगे
कौन शामिल मेरी हैरानी में है

---

1. चढ़ावा; 2. प्रकाश; 3. माथा; 4. दुश्मन; 5. देखरेख

सैयद हामिद साहब की नज़्र

हवा का ज़ोर ही काफ़ी बहाना होता है
अगर चिराग़ किसी को जलाना होता है

ज़बानी दावे बहुत लोग करते रहते हैं
जुनूँ के काम को करके दिखाना होता है

हमारे शहूर में ये कौन अजनबी आया
कि रोज़ ख़्वाब-सफ़र पे रवाना होता है

कि तू भी याद नहीं आता, ये तो होना था
गए दिनों को सभी को भुलाना होता है

इसी उम्मीद पे हम आज तक भटकते हैं
हरेक शख़्स का कोई ठिकाना होता है

हमें इक और भरी बज़्म याद आती है
किसी की बज़्म में जब मुस्कुराना होता है

आईना बनके उसे ख़ुद में उतरता देखो
हर बुने-मू[1] से बलाओं को गुज़रता देखो

ताकि सरसब्ज़ हों फिर खेतियाँ आवाज़ों की
नग़्म-ए-जाँ[2] को ख़िलाओं में बिखरता देखो

रेत बेफ़ैज़[3] थी, बेमेहूर[4] मगर रेत न थी
रेत के ग़म में बगूलों को बिफरता देखो

ताबे-नज़्ज़ारा[5] है आँखों में तो आँखें खोलो
शहूर इक ख़्वाबों का, ख़्वाबों में उभरता देखो

---

1. रोआँ; 2. प्राण-गीत; 3-4. अकृपालु; 5. देखने की शक्ति

कहीं लकीरों, कहीं दायरों में बटने लगी
ज़मीने-ख़्वाब हरेक आन कुछ सिमटने लगी

तिलिस्म टूटनेवाला ही था कि हमने सुना
हवा-ए-शह्‌रे-वफ़ा[1] एक नाम रटने लगी

हवस की आँख से जब जिस्म ने बग़ावत की
तो फिर वो रूह का इक-इक वरक़ पलटने लगी

पहुँच ही जाएँगे अब सूरजों की दुनिया तक
चटान रात की अपनी जगह से हटने लगी

सुना था हम किसी सैलाब की अमानत हैं
ये क्या हुआ कि नदी आँसुओं की घटने लगी

---

1. प्रेम-नगर की हवा

वहशते-दिल थी कहाँ कम कि बढ़ाने आए
किसलिए याद हमें बीते ज़माने आए

दश्त[1] ख़ाली हुए, ज़ंजीर हुए[2] दीवाने
थी ख़ता इतनी कि क्यों ख़ाक उड़ाने आए

क्या अजब रस्म है, दस्तूर भी क्या ख़ूब है ये
आग भड़काए कोई, कोई बुझाने आए

वक़्त की बात है ये भी कि मकाँ ख़्वाबों का
जिसने तामीर किया हो वही ढाने आए

कोई आसान नहीं तर्के-तअल्लुक़[3] करना
बज़्मे-अग़ियार[4] में यारों को भुलाने आए

नक़्श[5] कुछ अब भी सरे-जाद-ए-दिल[6] बाक़ी हैं
तेज़ आँधी से कहो इनको मिटाने आए

---

1. रेगिस्तान; 2. बँध गए; 3. संबंध-विच्छेद; 4. दुश्मनों की महफ़िल; 5. चिह्न; 6. दिल की राह पर

हर तरफ़ अपने को बिखरा पाओगे
आईनों को तोड़के पछताओगे

जब बदी के फूल महकेंगे यहाँ
नेकियों पर अपनी तुम शरमाओगे

सच को पहले लफ़्ज़ फिर लब देंगे हम
तुम हमेशा झूट को झुटलाओगे

फैलता जाएगा सेहरा-ए-सुकूत[1]
दूर की आवाज़ बनते जाओगे

सारी सिम्तें बेकशिश हो जाएँगी
घूम-फिर के फिर यहीं आ जाओगे

रूह की दीवार के गिरने के बाद
बे-बदन हो जाओगे, मर जाओगे

---

1. ख़ामोशी का रेगिस्तान

गर्द को कुदूरतों[1] की धो न पाए हम
दिल बहुत उदास है कि रो न पाए हम

वजूद के चहार-सिम्त[2] रेगज़ार[3] था
कहीं भी ख़्वाहिशों के बीज बो न पाए हम

रूह से तो पहले दिन ही हार मान ली
बोझ अपने जिस्म का भी ढो न पाए हम

दश्त[4] में तो एक हम थे, और कुछ न था
शह्र के हुजूम में भी खो न पाए हम

एक ख़्वाब देखने की आरज़ू रही
इसीलिए तमाम उम्र सो न पाए हम

1. मन के मैल; 2. चारों तरफ़; 3-4 रेगिस्तान

ये क्या हुआ कि तबीअत सँभलती जाती है
तेरे बग़ैर भी ये रात ढलती जाती है

उस इक उफ़क़[1] पे अभी तक है एतबार मुझे
मगर निगाहे-मनाज़िर[2] बदलती जाती है

चहार-सिम्त से घेरा है तेज़ आँधी ने
किसी चिराग़ की लौ फिर भी जलती जाती है

मैं अपने जिस्म की सरगोशियों[3] को सुनता हूँ
तेरे विसाल[4] की साइत निकलती जाती है

ये देखो आ गई मेरे ज़वाल[5] की मंज़िल
मैं रुक गया, मेरी परछाईं चलती जाती है

---

1. क्षितिज; 2. दृश्यों (को देखने) की दृष्टि; 3. फुसफुसाहटें; 4. मिलन; 5. पतन

बामो-दर[1] की क़ैद से मुझको रिहा किसने किया
दश्त की वुसअत[2] के हक़ में फ़ैसला किसने किया

जागते रहने की दौलत दी थी मुझको रात ने
नींद की लज़्ज़त[3] से लेकिन आशना[4] किसने किया

एक-इक करके हुईं तारीक सारी बस्तियाँ
तेरे ज़िम्मे काम ये, पागल हवा किसने किया

ऐ ख़ुदा, मैं तेरे होने से बहुत महफ़ूज़ था
मुझको मुझसे मुनहरिफ़[5] तू ही बता किसने किया

मेरे साहिल पे खड़े होने से यूँ शाकी[6] न हो
तेरा इस्तक़बाल[7] ऐ मौजे-बला[8] किसने किया

---

1. दरवाज़ा और छत; 2. व्यापकता, फैलाव; 3. आनंद; 4. परिचित; 5. विमुख; 6. शंकालु; 7. स्वागत; 8. मुसीबत ढानेवाली लहर

ये क्या है, मुहब्बत में तो ऐसा नहीं होता
मैं तुझसे जुदा होके भी तनहा नहीं होता

इस मोड़ से आगे भी कोई मोड़ है वर्ना
यूँ मेरे लिए तू कभी ठहरा नहीं होता

क्यों मेरा मुक़द्दर है उजालों की सियाही
क्यों रात के ढलने पे सवेरा नहीं होता

या इतनी न तब्दील हुई होती ये दुनिया
या मैंने इसे ख़्वाब में देखा नहीं होता

सुनते हैं सभी ग़ौर से आवाज़े-जरस[1] को
मंज़िल की तरफ़ कोई रवाना नहीं होता

दिल तर्के-तअल्लुक़[2] पे भी आमादा नहीं है
और हक़ भी अदा इससे वफ़ा का नहीं होता

1. घंटी की आवाज़; 2. संबंध-विच्छेद

सब कहेंगे न देखा था तमाशा ऐसा
रंग बदलेगी किसी रोज़ ये दुनिया ऐसा

इक किरन नूर[1] की माँगी थी, सज़ा उसकी है
जो नज़र आता है हर सिम्त अँधेरा ऐसा

जी ये चाहे कि कहीं साय-ए-दीवार मिले
इस सफ़र में तो कोई मोड़ न आया ऐसा

ऐसी बारिश तो कई बार हुई थी पहले
क्या ग़ज़बनाक हुआ था कभी दरिया ऐसा

जिसकी तामीर तसव्वुर[2] में भी नामुमकिन है
दिल ने नक़्शा ही बना रक्खा है घर का ऐसा

---

1. प्रकाश; 2. कल्पना

बंद दरवाज़ों को जब-जब दस्तकें सहलाएँगी
भूली-बिसरी सारी बातें देर तक याद आएँगी

नाव क़ाग़ज़ की बनाने में हैं बच्चे मुनहमिक[1]
पानियों से ये ढकी सड़कें कहाँ तक जाएँगी

कौन इनके वास्ते रौशन करेगा रास्ते
हमसे बिछड़ेंगी तो ये परछाइयाँ पछताएँगी

अक्स इक ठहरा हुआ है कब से सतहे-आब[2] पर
तेज़ तूफ़ानी हवाएँ कब इधर को आएँगी

---

1. तन्मय; 2. पानी की सतह

कारोबारे-शौक़[1] में बस फ़ायदा इतना हुआ
तुझसे मिलना था कि मैं कुछ और भी तनहा हुआ

कोई पलकों से उतरती रात को रोके ज़रा
शाम की दहलीज़ पर इक साया है सहमा हुआ

मुंजमिद[2] होती चली जाती हैं आवाज़ें तमाम
एक सन्नाटा है सारे शहर में फैला हुआ

आसमानों पर लिखी तहरीर[3] धुँधली हो गई
अब कोई मसरफ़ नहीं आँखों का, ये अच्छा हुआ

इस हथेली में बहुत-सी दस्तकें रूपोश[4] हैं
इस गली के मोड़ पर इक घर था कल तक, क्या हुआ

1. प्रेम का व्यवसाय; 2. जड़; 3. लिखावट; 4. छिपी हुई

देखते ही देखते हर शै[1] यहाँ फ़ानी[2] हुई
लम्ह-ए-आइंदा[3] को कितनी पशेमानी[4] हुई

लोग कहते हैं कि कल यह शहर भी आबाद था
हुक्मराँ कब और कैसे इन पे वीरानी हुई

मोजज़ों[5] की मुंतज़िर[6] आँखें रहीं शामो-सेहर[7]
इस ज़माने में हमीं से बस ये नादानी हुई

तुमको इस बे-बादबाँ किश्ती पे कितना नाज़ है
वो उधर देखो नदी कुछ और तुग़ियानी[8] हुई

हर क़दम पर मोड़ थे, हर मोड़ पर मंज़र नए
उम्र की इक-एक साइत सर्फ़े-हैरानी[9] हुई

1. वस्तु; 2. नश्वर; 3. आनेवाला क्षण; 4. शरमिंदगी; 5. चमत्कारों, 6. प्रतीक्षारत; 7. सुबह-शाम; 8. चढ़ गई; 9. हैरानी में व्यय

इश्क़ कहिए कि हवस, इसकी बदौलत कुछ है
राख के ढेर में चिंगारी की सूरत कुछ है

उम्र भर मैं कभी सेराब नहीं हो सकता
चश्मे-जानाँ[1] में है कुछ, मेरी ज़रूरत कुछ है

मेरी तनहाई से जलती है, मेरी दुश्मन है
पूछे दुनिया से कोई मुझसे अदावत कुछ है

तेज़ आँधी में अँधेरों के सितम सहते रहे
रात को फिर भी चिराग़ों से शिकायत कुछ है

मेरी बरबादी में कुछ हाथ नहीं है तेरा
मुझको भी कहने की ऐ दोस्त इजाज़त कुछ है

ज़िंदगी से अभी रिश्ता नहीं टूटा मेरा
कल का अहवाल[2] था कुछ, आज की हालत कुछ है

आज की रात मैं घूमूँगा खुली सड़कों पर
आज की रात मुझे ख़्वाबों से फ़ुरसत कुछ है

---

1. प्रियतम की आँख; 2. हाल

ये क़ाफ़िले यादों के कहीं खो गए होते
इक पल भी अगर भूल से हम सो गए होते

ऐ शह्र तेरा नामो-निशाँ भी नहीं होता
जो हादिसे होने थे अगर हो गए होते

हर बार पलटते हुए घर को यही सोचा
ऐ काश किसी लंबे सफ़र को गए होते

हम खुश हैं हमें धूप विरासत में मिली है
अजदाद[1] कहीं पेड़ भी कुछ बो गए होते

किस मुँह से कहें तुझसे समंदर के हैं हक़दार
सेराब[2] सुराबों[3] से भी हम हो गए होते

---

1. पूर्वजगण; 2. संतुष्ट; 3. मरीचिकाओं

कब समाँ[1] देखेंगे हम ज़ख़्मों के भर जाने का
नाम लेता ही नहीं वक़्त गुज़र जाने का

जाने वो कौन है जो दामने-दिल खेंचता है
जब कभी हमने इरादा किया मर जाने का

दस्तबरदार[2] अभी तेरी तलब से हो जाएँ
कोई रस्ता भी तो हो लौटके घर जाने का

लाता हम तक भी कोई नींद से बोझल रातें
आता हमको भी मज़ा ख़्वाब में मर जाने का

सोचते ही रहे पूछेंगे तेरी आँखों से
किससे सीखा है हुनर दिल में उतर जाने का

---

1. दृश्य; 2. भारमुक्त, वंचित

नज़र जो कोई भी तुझ-सा हसीं नहीं आता
किसी को क्या मुझे ख़ुद भी यक़ीं नहीं आता

तेरा ख़याल भी तेरी तरह सितमगर है
जहाँ पे चाहिए आना वहीं नहीं आता

जो होनेवाला है अब उसकी फ़िक्र क्या कीजे
जो हो चुका है उसी पर यक़ीं नहीं आता

ये मेरा दिल है कि मंज़र उजाड़ बस्ती का
खुले हुए हैं सभी दर, यक़ीं नहीं आता

बिछड़ना है तो बिछड़ जा इसी दोराहे पर
कि मोड़ आगे सफ़र में कहीं नहीं आता

तू कहाँ है, तुझसे इक निस्बत[1] थी मेरी ज़ात[2] को
कब से पलकों पर उठाए फिर रहा हूँ रात को

मेरे हिस्से की ज़मीं बंजर थी, मैं वाकिफ़ न था
बेसबब इलज़ाम मैं देता रहा बरसात को

कैसी बस्ती थी जहाँ पर कोई भी ऐसा न था
मुकशिफ़[3] मैं जिस पे करता अपने दिल की बात को

सारी दुनिया के मसाइल[4] यूँ मुझे दरपेश[5] हैं
तेरा ग़म काफ़ी न हो जैसे गुज़र-औक़ात को

1. संबंध; 2. स्वत्व; 3. रहस्योद्घाटित; 4. प्रश्न, समस्याएँ; 5. सामने उपस्थित

ये जब है कि इक ख़्वाब से रिश्ता है हमारा
दिन ढलते ही दिल डूबने लगता है हमारा

चेहरों के समंदर से गुज़रते रहे फिर भी
इक अक्स को आईना तरसता है हमारा

उन लोगों से क्या कहिए कि क्या बीत रही है
अहवाल मगर तू तो समझता है हमारा

हर मोड़ पे पड़ता है हमें वास्ता इससे
दुनिया से अलग कहने को रस्ता है हमारा

ख़ूँ में लतपत हो गए साये भी अशजार के
कितने गहरे वार थे ख़ुशबू की तलवार के

इक लंबी चुप के सिवा बस्ती में क्या रह गया
कब से लब पर बंद हैं दरवाज़े इज़हार के

आओ, उट्ठो, कुछ करें, सेहरा की जानिब चलें
बैठे-बैठे थक गए साये हैं दीवार के

रस्ते सूने हो गए, दीवाने घर को गए
ज़ालिम लंबी रात की तारीकी से हार के

बिलकुल बंजर हो गई धरती दिल के दश्त की
रुख़सत कब के हो गए मौसम सारे प्यार के

तलाश जिसकी रही हमको उम्र भर, क्या था
ज़मीं पे कुछ भी न था, आसमान पर क्या था

हवस के ज़हर की हर बूँद पी चुके थे हम
रगों में जमती हुई रेत से मुफ़र[1] क्या था

हमारा अक्स भी बेअक्स आइनों में था
सबब ज़रूर था इसका कोई मगर क्या था

ये सोचने की भी मुहलत नहीं मिली हमको
ख़यालो-ख़्वाब की दीवार से उधर क्या था

अब एक हम हैं, हमारे तवील[2] साये हैं
कोई बताओ कि दुनिया में पेशतर[3] क्या था

---

1. पलायन; 2. लंबे; 3. इससे पहले

निशाँ यूँ तो थे रहगुज़र में बहुत
मगर मोड़ थे उस सफ़र में बहुत

मैं अपने को पहचानता किस तरह
कि आईने थे मेरे घर में बहुत

कभी मैं हवा था, बगूला कभी
रहा वहशतों के असर में बहुत

मयस्सर न तनहाई मुझको हुई
कि रौज़न[1] थे दीवारो-दर में बहुत

बहुत दूर तुझसे कभी मैं न था
मगर दिन लगे थे सफ़र में बहुत

---

1. सूराख़, रौशनदान

दर्द-सा इक जो दिल के अंदर है
सबको ये भी कहाँ मयस्सर है

वो उधर उस तरफ़ ज़रा देखो
एक परछाईं ओस से तर है

राह जैसे सलीब का साया
नक़्शे-पा जैसे कोई ख़ंजर है

पत्तियाँ हैं न फूल पेड़ों पर
हुक्मराँ दूर-दूर सरसर[1] है

बेउफ़क़[2] आसमान तक भी पहुँच
आँख की ज़द[3] से वो भी बाहर है

मुनहरिफ़[4] ख़्वाबों से हुए जब लोग
सोएँ या जागें सब बराबर है

चुप हैं, अब बोलते नहीं हम भी
हाँ हमें बाज़गश्त[5] का डर है

1. तेज़ हवा; 2. क्षितिजरहित; 3. दृष्टि की सीमा; 4. विमुख; 5. प्रतिध्वनि

थे सबब और तेरी याद नहीं आई थी
एक-दो-बार तबीअ़त ज़रा घबराई थी

सफ़-ब-सफ़[1] ऐसे ही उतरे थे सितारे दिल में
हूबहू ऐसी ही कल भी शबे-तनहाई थी

तेरे ही कहने पे मैंने ये इमारत दिल की
बड़ी मुश्किल से, बड़े शौक़ से बनवाई थी

इक यही शक्ल थी ज़ख्मों पे बहार आने की
काम की चीज़ बड़ी, अब खुला, तनहाई थी

मुझको रहना था इसी शह्र की गलियों में असीर[2]
मेरे हिस्से में कहाँ दश्त की पहनाई[3] थी

कैसा मंज़र था कि ज़ंजीर हुई आवाज़ें
और मख़लूक़े-खुदा[4] सारी तमाशाई थी

1. कतारें बाँधकर; 2. क़ैदी; 3. व्यापकता; 4. जनता

मौसम की उफ़्ताद[1] सहे जाते हैं सब
फूल, शिगूफ़े[2] ज़र्द हुए जाते हैं सब

चट्टानों की क़ैद से दरिया ऊभ गए
गाँव, जज़ीरे, शहर बहे जाते हैं सब

देखते-देखते आँखें भी बेनूर हुईं
चाँद, चिराग़, नुक़ूश बुझे जाते हैं सब

अपनी तलाश की आख़िरी मंज़िल सर करने
शह्रे-हवस की सिम्त बढ़े जाते हैं सब

किसने हवा के हाथ से ख़ंजर छीन लिया
मुंकिरे-लज़्ज़ते-मर्ग[3] हुए जाते हैं सब

किस-किसके लहू की चीख़ की गूँज फ़िज़ा में है
किसके सुराग़ में चलते चले जाते हैं सब

क्या सूरत हो सातवें दर के खुलने की
दस्तक देते-देते थके जाते हैं सब

---

1. मुसीबत; 2. कलियाँ, 3. मृत्यु की आनंद से इनकारी

साथ उनके ही बसर आज भी शब करना है
जो नहीं जानते क्या करना है, कब करना है

रात ये हिज्र की है और बहुत लंबी है
ख़्वाब, बेदारी[1], कहो किसको तलब करना है

इत्त्फ़ाक़[2] अहूले-ज़माना से[3], जुनूँ से इनकार
पहले सोचा भी नहीं था जिसे अब करना है

दूरियाँ कुर्ब[4] लगें, कुर्ब में दूरी निकले
उम्र-भर मुझको यही कारे-अजब करना है

एक मुद्दत से मिरी प्यास यही सुनती है
इंतज़ार और सरे-चश्म-ए-लब[5] करना है

---

1. जागना, 2. सहमति, 3. दुनिया के लोग, 4. समीपता, 5. आँख और होंठ

बिला सबब नहीं बेज़ार आसमान से हम
ख़रीद लाए हैं कुछ ख़्वाब इक दुकान से हम

तमाम उम्र मगर इज़्तराब[1] में गुज़री
मिसाले-तीर[2] निकल आए हर कमान से हम

हवा के हाथ ने मिसमार[3] कर दिया उसको
सरों को फोड़ने निकले थे जिस चटान से हम

इसीलिए हमें जीने की थी हवस शायद
तुम्हारा नाम सुनें ग़ैर की ज़बान से हम

समंदरों का सफ़र ख़त्म हो गया होता
जुदा न करते जो किश्ती को बादबान से हम

---

1. बैचेनी; 2. तीन की तरह; 3. चकनाचूर

तेरे वादे को कभी झूट नहीं समझूँगा
आज की रात भी दरवाज़ा खुला रक्खूँगा

देखने के लिए इक चेहरा बहुत होता है
आँख जब तक है तुझे, सिर्फ़ तुझे देखूँगा

मेरी तनहाई की, रुसवाई[1] की मंज़िल आई
वस्ल[2] के लम्हे से मैं हिज्र[3] की शब बदलूँगा

शाम होते ही खुली सड़कों की याद आती है
सोचता रोज़ हूँ मैं घर से नहीं निकलूँगा

ताकि महफ़ूज़[4] रहे मेरे क़लम की हुरमत[5]
सच मुझे लिखना है, मैं हुस्न को सच लिक्खूँगा

---

1. बदनामी, 2. मिलन, 3. वियोग 4. सुरक्षित 5. ताकत

शह्रे-जुनूँ[1] में कल तलक जो भी था सब बदल गया
मरने की ख़ू[2] नहीं रही, जीने का ढब बदल गया

पल में हवा मिटा गई सारे नुकूश नूर[3] के
देखा ज़रा-सी देर में मंज़रे-शब[4] बदल गया

मेरी पुरानी अर्ज़ पर ग़ौर किया न जाएगा
यूँ है कि उसकी बज़्म में तर्ज़े-तलब[5] बदल गया

साइते-ख़ूब[6] वस्ल की आनी थी, आ नहीं सकी
वो भी तो वो नहीं रहा, मैं भी तो अब बदल गया

दूरी की दास्तान में ये भी कहीं पे दर्ज हो
तिश्ना-लबी[7] तो है वही, चश्म-ए-लब[8] बदल गया

मेरे सिवा हर एक से दुनिया ये पूछती रही
मुझ सा जो एक शख़्स था, पत्थर में कब बदल गया

---

1. उन्माद का नगर, 2. आदत, 3. प्रकाश, 4. रात का दृश्य, 5. याचना का ढंग, 6. शुभ घड़ी, 7. प्यास, 8. होंट रूपी सोता।

बाइसे-वहशते-जुनूँ कहते हैं सब कुछ और है
वजहे-सुकून तू सही, ग़म का सबब कुछ और है

हमने ख़ुद अपनी रात को इतना तवील[1] कर लिया
वर्ना हमारे दौर में जीने का ढब कुछ और है

पलकों पे रोकते रहो, कारी[2] हैं वार ख़्वाब के
काफ़ी तो ढल चुकी है ये, थोड़ी सी शब कुछ और है

पानी की एक बूँद से प्यास की इब्तदा[3] करो
चश्मे पे जब रसाई[4] हो, कहना तलब कुछ और है

दीद[5] से लम्स[6] तक हमें क्या-क्या न तजरबे हुए
दिखने में कुछ और था वो, छूने पे अब कुछ और है

---

1. लंबा, 2. घातक, 3. आरंभ, 4. पहुँच, 5. दृष्टि, 6. स्पर्श।

हमारी आँखों में नक़्शा ये किस मकान का है
यहाँ का सारा इलाक़ा तो आसमान का है

हमें निकलना पड़ा रात के जज़ीरे[1] से
ख़तरा अगरचे इस इक फ़ैसले में जान का है

ख़बर नहीं है कि दरिया में कश्ति-ए-जाँ[2] है
मुआहिदा[3] जो हवाओं से बादबान का है

तमाम शह्र पे ख़ामोशियाँ मुसल्लत[4] हैं
लबों को खोलो कि ये वक़्त इम्तहान का है

कहा है उसने तो गुज़रेगा जिस्म से होकर
यक़ीन यूँ है वो पक्का ज़बान का है

---

1. द्वीप, 2. प्राण रूपी नाव, 3. अनुबंध, 4. हावी।

तेरी साँसें मुझ तक आते बादल हो जाएँ
मेरे जिस्म के सारे इलाक़े जल-थल हो जाएँ

होंट-नदी सैलाब[1] का मुझपे दरवाज़ा खोले
हमको मयस्सर ऐसे भी पल दो पल हो जाएँ

दुश्मन धुंध है कब से मेरी आँखों के दरपै[2]
हिज्र की लंबी काली रातें काजल हो जाएँ

उम्र का लंबा हिस्सा करके दानाई[3] के नाम
हम भी अब यह सोच रहे हैं पागल हो जाएँ

---

1. बाढ़, 2. ठीक सामने, तत्पर, 3. बुद्धिमानी।

जाँ फिर से लरज[1] उट्ठी, दिल दर्द से भर आया
इक ऐसा नया मंज़र[2] आँखों को नज़र आया

हर गाम पे रस्ते में थीं धूप की दीवारें
मुझ जैसा बरहना-सर[3] उनसे भी गुज़र आया

दरिया तेरी मौजों[4] की अँगड़ाइयाँ गिनता हूँ
प्यासा हूँ, मुक़द्दर में यह एक हुनर आया

बेदार दरीचों[5] पर दस्तक-सी सुनाई दी
जब-जब कभी भूले से मैं लौट के घर आया

पहले तुझे देखा था परछाईं की सूरत में
फिर जिस्म तेरा मेरी रग-रग में उतर आया

---

1. काँप, 2. दृश्य, 3. नंगे सर, 4. लहरों, 5. खिड़कियों, छोटे दरवाज़ों।

सियाह रात नहीं लेती है नाम ढलने का
यही तो वक़्त है सूरज तिरे निकलने का

यहाँ से गुज़रे हैं, गुज़रेंगे हम-से अह्ले-वफ़ा
ये रास्ता नहीं परछाइयों के चलने का

कहीं न सबको समंदर बहा के ले जाए
ये खेल ख़त्म करो किश्तियाँ बदलने का

बिगड़ गया जो ये नक़्शा हविस के हाथों से
तो फिर किसी के सँभाले नहीं सँभलने का

ज़मीं ने कर लिया क्या तीरगी[1] से समझौता
ख़याल छोड़ चुके क्या चिराग़ जलने का

---

1. अंधकार।

आँख हूँ, हाथ हूँ, लब हूँ, तू देख
मैं तो सर-ता-पा[1] तलब हूँ, तू देख

सुब्ह कब आई, कहाँ शाम हुई
मैं तो ज़िंदानि-ए-शब[2] हूँ, तू देख

मेरी मंजिल तेरी पेशानी[3] है
देख मैं चीज़ अजब हूँ, तू देख

तूने देखा नहीं ख़ुद को कब से
मैं तेरे सामने अब हूँ, तू देख

---

1. सर से पैर तक, 2. रात का क़ैदी, 3. माथा।

बहते दरियाओं में पानी की कमी देखना है
उम्र भर मुझको यही तिश्नालबी[1] देखना है

रंज दिल को है कि जी भरके नहीं देखा तुझे
ख़ौफ़ उसका था जो आइंदा कभी देखना है

शब को तारीकी[2], दरे-ख़्वाब हमेशा को बंद
चंद दिन बाद तो दुनिया में यही देखना है

ख़ून के क़तरों ने तूफ़ान उठा रक्खा है
अब रगो-पै में[3] मुझे बर्फ़ जमी देखना है

किस तरह रेंगने लगते हैं ये चलते हुए लोग
यारो कल देखोगे या आज अभी देखना है

---

1. प्यास, 2. अंधकार, 3. रगों और धमनियों में।

मैं चाहता हूँ न आएँ, अज़ाब[1] आएँगे
ये जितने लोग हैं ज़ेरे-अताब[2] आएँगे

इस इक ख़बर से सरासीमाँ[3] हैं सभी कि यहाँ
न रात होगी न आँखों में ख़्वाब आएँगे

ज़रा-सी देर है ख़ुशबू-ओ-रंग का मेला
ख़िज़ाँ[4] की ज़द[5] में अभी ये गुलाब आएँगे

हरेक मोड़ पे इक हश्र[6]-सा बपा होगा
हरेक लम्हा नए इनक़लाब आएँगे

पलट के आए नहीं क्यों जुनूँ की वादी से
जिन्हें ये ज़ोम[7] था वो कामयाब आएँगे

---

1. मुसीबतें, 2. शापग्रस्त या दंडित होंगे, 3. शरमिंदा, 4. पतझड़, 5. चपेट, 6. क़यामत, 7. घमंड।

ले-दे के थी मताए-जाँ[1] तूने क़ुबूल की नहीं
इससे ज़ियादा की बिसात अह्ले-जुनूँ की थी नहीं

गुज़रा था रात भी कोई दरिया लबों के पास से
कितनी अजीब प्यास है, कम तो हुई, बुझी नहीं

मैंने कहा ज़मीन की वुसअत[2] को आशकार[3] कर
उसने जवाब में कहा, ठहरो ज़रा, अभी नहीं

आँखों में ख़ून आ गया चेहरा अदू[4] का देखकर
मेरी रगों में, शुक्र है, बर्फ़ की तह जमी नहीं

ख़्वाबों की तेग़े-तेज़ से कर लो शिकार रात को
यारो, अज़ाने-सुब्ह[5] है, अब जो नहीं, कभी नहीं

1. प्राण रूपी पूँजी, 2. व्यापकता, 3. प्रकट, 4. दुश्मन, 5. प्रभात का निमंत्रण।

तेज़ हवा में जला दिल का दिया आज तक
ज़ीस्त[1] से इक अह्द[2] था, पूरा किया आज तक

मेरे जुनूँ के लिए तेरी गवाही बहुत
चाक-गरेबाँ न क्यों मैंने सिया आज तक

कितने समंदर मुझे रोज़ मिले राह में
बूँद भी पानी नहीं मैंने पिया आज तक

इल्म के इस शह्र में कोई नहीं पूछता
कारे-सुख़न[3] किस तरह मैंने किया आज तक

मेह्रो-वफ़ा के सिवा दोस्त नहीं जानते
मुझको दिया है सदा, कुछ न लिया आज तक

1. जीवन, 2. संकल्प, 3. साहित्य-कर्म।

शदीद[1] प्यास थी फिर भी छुवा न पानी को
मैं देखता रहा दरिया तेरी रवानी[2] को

सियाह रात ने बेहाल कर दिया मुझको
कि तूल दे नहीं पाया[3] किसी कहानी को

बजाय मेरे किसी और का तक़र्रुर[4] हो
क़ुबूल जो करे ख़्वाबों की पासबानी[5] को

अमाँ की जा[6] मुझे ऐ शहर तूने दी तो है
भुला न पाऊँगा सेहरा[7] की बेकरानी[8] को

जो चाहता है कि इक़बाल हो सवा तेरा[9]
तो सबमें बाँट बराबर से शादमानी[10] को

---

1. तीव्र, 2. प्रवाह, 3. लंबा न खींच सका, 4. नियुक्ति, 5. पहरेदारी, 6. शरणस्थली, 7. रेगिस्तान, 8. असीमपन, 9. तेरा प्रताप बढ़े, 10. प्रसन्नता।

जो चाहती दुनिया है वो मुझसे नहीं होगा
समझौता कोई ख़्वाब के बदले नहीं होगा

अब रात की दीवार को ढाना है ज़रूरी
ये काम मगर मुझसे अकेले नहीं होगा

ख़ुदफ़हमी[1] अभी तक थी यही कारे-जुनूँ में
जो मैं नहीं कर पाया किसी से नहीं होगा

तदबीर[2] नई सोच कोई ऐ दिले-सादा
माइल-ब-करम[3] तुझपे वो ऐसे नहीं होगा

बेनाम-से इक ख़ौफ़ से दिल क्यों है परीशाँ
जब तय है कि कुछ वक़्त से पहले नहीं होगा

1. आत्मबोध, घमंड, 2. उपाय, 3. कृपालु।

अभी था बीच समंदर में अब किनारे पे है
ये सारा खेल, ये करतब तेरे इशारे पे है

बदन में कितना लहू है ये जाँच करवा लो
बताना फिर कि जुनूँ कितना किस सहारे पे है

सियाह रात को ख़ातिर में लाए तो कैसे
जमी हुई ये निगह कब से इक सितारे पे है

हवा का अगला क़दम आसमान पर होगा
मेरे वजूद का असबात[1] इस नज़ारे पे है

मैं इस तरफ़ हूँ सरासीमाँ[2] और बहुत ख़ामोश
मेरा सफ़ीना[3] उधर दूसरे किनारे पे है

1. स्वीकार, सकार, 2. शरमिंदा, 3. नाव।

देखूँ कि है रिश्ता क्या, कितना उसे भाता हूँ
आँधी में दिये मैं यूँ हर बार जलाता हूँ

दरिया तेरी तुग़ियानी[1] दहशत लिए आती है
मैं हूँ कि तुझे फिर भी हर रोज़ बुलाता हूँ

उन सुर्ख़ गुलाबों तक ये होंट मिरे पहुँचें
ये कारे-जुनूँ देखो कब करके दिखाता हूँ

जिसने मेरे होने की हर वक़्त गवाही दी
उस शहर की सरहद से आगे नहीं जाता हूँ

सरमाय-ए-जाँ[2] क्या है, तेरी ही अमानत है
तू देख कभी कहके में कैसे लुटाता हूँ

1. प्रचंडता, 2. प्राणों की पूँजी।

अक्से-यादे-यार[1] को धुँधला किया है
मैंने ख़ुद को जानकर तनहा किया है

भूलकर तुझको पशेमाँ[2] हूँ बहुत मैं
लोग कहते हैं बहुत अच्छा किया है

दिन ढले और शाम को दीदार[3] हो फिर
काम दिन भर इसलिए इतना किया है

जितनी शमएँ हैं हवा को सौंप दूँ मैं
कौन पूछेगा कि क्यों ऐसा किया है

शह्र ये आबाद था शायद हूँ मैं भी
किसकी वहशत ने इसे सेहरा[4] किया है

ऐशे-दुनिया से ख़फ़ा था, शाद[5] था मैं
ज़िंदगी तूने सगे-दुनिया[6] किया है

---

1. यादों में प्रियतम का प्रतिबिंब, 2. शरमिंदा, 3. दर्शन, 4. रेगिस्तान, 5. प्रसन्न, 6. दुनिया का कुत्ता।

ज़ोम[1] अच्छा नहीं इतना यारो
पढ़ो दीवारों पे लिक्खा यारो

आग के खेल में जल जाना है
तजरबा है यही अपना यारो

रूठ जाए तो नहीं मनती है
बड़ी बेरह्म है दुनिया यारो

ग़म में दुबले हैं तुम्हारे जो लोग
उनके साये से भी बचना यारो

कितनी मुश्किल से बसा है यह शह्र
क्या कभी तुमने ये सोचा यारो

मुझपे और मुझ-से बहुत लोगों पे
कितना एहसान है उसका यारो

1. घमंड।

अह्दे-गुल[1] के सभी आसार हवा ले जाती
ज़र्द पत्तों को बहुत दूर उड़ा ले जाती

मेरी मुट्ठी ने रिहा कर दिया सेहराओं[2] को
वरना आवाज़े-जरस[3] साथ में क्या ले जाती

साहिले-ख़्वाब[4] पे मैं कब से खड़ा हूँ तनहा
मौजे-दरिया-ए-हविस[5] मुझको बहा ले जाती

फ़स्ल ज़ख़्मों की पकी होती न काटी जाती
अश्क आँखों के अगर काली घटा ले जाती

हम जुदा हो गए आग़ाज़े-सफ़र[6] से पहले
जाने किस सिम्त हमें राहे-वफ़ा ले जाती

---

1. वसंत ऋतु, 2. रेगिस्तानों, 3. घंटी की आवाज़, 4. सपनों का किनारा, 5. लोलुपता की नदी की लहर, 6. यात्रा का आरंभ।

बताऊँ किस तरह अहबाब[1] को आँखें जो ऐसी हैं
कि कल पलकों से टूटी नींद की किर्चें समेटी हैं

सफ़र मैंने समंदर का किया काग़ज़ की कश्ती में
तमाशाई निगाहें इसलिए बेज़ार इतनी हैं

ख़ुदा मेरे अता[2] कर मुझको गोयाई[3] कि कह पाऊँ
ज़मीं पर रात-दिन जो बातें होती मैंने देखी हैं

तू अपने फ़ैसले से वक़्त अब आगाह कर मुझको
घड़ी की सूइयाँ कब से इस इक नुक़्ते पे ठहरी हैं

जतन तेरा कि पहुँचाया है मुझको मौत के मुँह तक
मेरी आँखें कि इसको ज़ीस्त[4] का ज़ीना[5] समझती हैं

---

1. स्वजनों, 2. प्रदान, 3. वाणी, 4. जीवन, 5. सीढ़ी।

सफ़र का नश्शा चढ़ा है तो क्यों उतर जाए
मज़ा तो जब है कोई लौट के न घर जाए

बस एक लम्हे की मुहलत दे प्यासी आँखों को
मेरे बदन की सुराही में आग भर जाए

हविस की कश्ती के सब बादबान खोल दिए
कि तू सुकून से दरिया के पार उतर जाए

उठा रही हैं बहुत सर ये रात की चीख़ें
मेरे सुकूत की तलवार काम कर जाए

इस एक नुक़्त-ए-रौशन[1] से आगे क्या होगा
यहीं पे क़ाफ़िला ये ज़ीस्त[2] का ठहर जाए

1. प्रकाश का बिंदु, 2. जीवन।

जहाँ में होने को ऐ दोस्त यूँ तो सब होगा
तेरे लबों पे मेरे लब हों ऐसा कब होगा

इसी उम्मीद पे कब से धड़क रहा है दिल
तेरे हुज़ूर[1] किसी रोज़ ये तलब होगा

मकाँ तो होंगे, मकीनों[2] से सब मगर ख़ाली
यहाँ भी देखो तमाशा ये एक शब होगा

कोई नहीं है जो बतलाए मेरे लोगों को
हवा के रुख़ के बदलने से क्या ग़ज़ब होगा

न जाने क्यों मुझे लगता है ऐसा हाकिमे-शह्र
जो हादिसा नहीं पहले हुआ वो अब होगा

1. सामने, 2. निवासियों।

कश्ति-ए-जाँ[1] से उतर जाने को जी चाहता है
इन दिनों यूँ है कि मर जाने को जी चाहता है

घर में याद आती थी कल दश्त[2] की वुसअत[3] हमको
दश्त में आए तो घर जाने को जी चाहता है

कोई सूरत हो कि फिर आग रगो-पै में बहे
राख बनने को, बिखर जाने को जी चाहता है

कैसी मजबूरि-ओ-लाचारी है उस कूचे[4] में
जा नहीं सकता मगर जाने को जी चाहता है

कुर्ब[5] फिर तेरा मयस्सर हो कि ऐ राहते-जाँ
आख़िरी हद से गुज़र जाने को जी चाहता है

---

1. प्राण रूपी नाव, 2. रेगिस्तान, 3. व्यापकता, 4. गली, 5. सामीप्य।

आँधियाँ आती थीं लेकिन कभी ऐसा न हुआ
ख़ौफ़ के मारे जुदा शाख़ से पत्ता न हुआ

रूह ने पैरहने-जिस्म[1] बदल भी डाला
ये अलग बात किसी बज़्म[2] में चर्चा न हुआ

रात को दिन से मिलाने की हवस थी हमको
काम अच्छा न था, अंजाम भी अच्छा न हुआ

वक़्त की डोर को थामे रहे मज़बूती से
और जब छूटी तो अफ़सोस भी इसका न हुआ

ख़ूब दुनिया है कि सूरज से रक़ाबत[3] थी जिन्हें
उनको हासिल किसी दीवार का साया न हुआ

---

1. शरीर रूपी वस्त्र; 2. सभा; 3. शत्रुता

ये हक़ीक़त है मगर फिर भी यक़ीं आता नहीं
दिल मेरा अब भी धड़कता है पे घबराता नहीं

रूह के बारे-गिराँ[1] पे नाज़ करते हैं सभी
बोझ अपने जिस्म का कोई उठा पाता नहीं

सुर्ख़ फूलों से ज़मीं को ढक गई किसकी सदा
सबकी आँखें पूछती हैं, कोई बतलाता नहीं

क़ुर्ब[2] का शफ़्फ़ाफ़[3] आईना मेरा हमराज़ है
दूरियों की धुंध से आँखों का कुछ नाता नहीं

नींद की शबनम से मैं भी तर, मेरा साया भी तर
आँसुओं का सैल मेरी सिम्त अब आता नहीं

---

1. भारी बोझ; 2. निकटता; 3. साफ़

शाख़े-शजर[1] से पत्ते गिरे जब भी टूट के
रोई तमाम ख़ल्क़े-ख़ुदा[2] फूट-फूट के

ये मंजिले-मुराद थी इनसान की अगर
इनसान क्यों उदास है साये से छूट के

सेहरा की सल्तनत है हुदूदे-निगाह[3] तक
बादल हज़ार बरसे ज़मीनों पे टूट के

तनहा उफ़क़ पे तेग़ से हमला करे हवा
जब चाहे आए और उसे ले जाए लूट के

सच की सलीब तोड़ दी अह्ले-सलीब ने
सरशार[4] इस क़दर हुए नश्शे से झूट के

---

1. पेड़ की डाली; 2. जनता, प्राणी; 3. दृष्टि की सीमा; 4. शराबोर

हज़ार बार मिटी और पायमाल हुई है
हमारी ज़िंदगी तब जाके बेमिसाल हुई है

इसी सबब से तो परछाईं अपने साथ नहीं है
सऊबते-सफ़रे-शौक़[1] से निढाल हुई हैं

सुकून फिर भी तो वहशतसरा-ए-दिल[2] में नहीं है
निगाहे-यार अगरचे शरीके-हाल हुई है

खुशी के लम्हे तो जूँ-तूँ गुज़र गए हैं यहाँ पर
बस एक साइते-ग़म काटनी मुहाल हुई है

लकीर नूर की जो आसमाने-दिल पे बनी है
अँधेरी रात का हमला हुआ तो ढाल हुई है

---

1. प्रेम-मार्ग की यात्रा के कष्ट; 2. हृदय-रूपी वहशतों का घर

दिल परीशाँ हो मगर आँख में हैरानी न हो
ख़्वाब देखो कि हक़ीक़त से पशेमानी न हो

क्या हुआ अह्ले-जुनूँ को कि दुआ माँगते हैं
शह्र में शोर न हो, दश्त में वीरानी न हो

ढूँढते-ढूँढते सब थक गए लेकिन न मिला
इक उफ़क़ ऐसा कि जो धुंध का ज़िंदानी[1] न हो

ग़म की दौलत बड़ी मुश्किल से मिला करती है
सौंप दो हमको अगर तुमसे निगहबानी[2] न हो

नफ़रतों का वही मलबूस[3] पहन लो फिर से
ऐन मुमकिन है ये दुनिया तुम्हें पहचानी न हो

1. क़ैदी; 2. देखभाल; 3. वस्त्र

दिल में रखता है न पलकों पे बिठाता है मुझे
फिर भी उस शख़्स में क्या-क्या नज़र आता है मुझे

सारी आवाज़ों को सन्नाटे निगल जाएँगे
कब से रह-रह के यही ख़ौफ़ सताता है मुझे

ये अलग बात कि दिन में मुझे रखता है निढाल
रात की ज़द से तो सूरज ही बचाता है मुझे

इक नए क़हर के इमकान[1] से बोझल है फ़िज़ा[2]
आसमाँ धुंध में लिपटा नज़र आता है मुझे

तज़्किरा[3] इतना हुआ रूह की आलूदगी[4] का
जिस्मे-सद-पाक[5] भी आईना दिखाता है मुझे

---

1. संभावना; 2. वातावरण; 3. चर्चा; 4. प्रदूषण; 5. सैकड़ों तरह से पवित्र शरीर

वहशत मेरी कितनी रास आई[1] मुझको
इक आलम की सैर करा लाई मुझको

मैं जीने से बाज़ न आऊँगा यारो
दीवाना समझो या सौदाई[2] मुझको

शोहरत के इस सेहर[3] से जल्द निजात मिले
ढूँढ रही है कब से रुसवाई[4] मुझको

बज़्मे-नाज़ से ख़ाली हाथ उठूँ कैसे
मिल जाए थोड़ी-सी तनहाई मुझको

तेरा बदन कह सकतीं जिसको ये आँखें
ख़्वाबों ने वो शक्ल न दिखलाई मुझको

---

1. भा गई; 2. पागल; 3. जादू; 4. बदनामी

जहाँ पे तेरी कमी भी न हो सके महसूस,
तलाश ही रही आँखों को ऐसे मंज़र[1] की

हमें तो ख़ुद नहीं मालूम, क्या किसी को बतलाएँ
कि तुझसे मिलने की ख़्वाहिश न क्यों बिछड़कर की

कहाँ पे दफ़्न वो परछाइयाँ करें यारो
जो ताब ला न सकीं रौशनी के ख़ंजर की

हरेक गुल को है इश्क़े-समूम[2] का सौदा[3]
हरेक शाख़ा यहाँ मोतक़िद[4] है सरसर[5] की

मगर ये ज़ौक़े-परस्तिश[6] कि अब भी तिश्ना[7] है
जबीं को चूम चुके एक-एक पत्थर की

जिधर अँधेरा है, तनहाई है, उदासी है
सफ़र की हमने वही सिम्त क्यों मुक़र्रर की

---

1. दृश्य; 2. गर्म हवा से प्रेम; 3. पागलपन; 4. आस्थावान; 5. तेज़ हवा; 6. पूजा की लगन; 7. प्यासा

छाए हुए थे बादल लेकिन बरसे नहीं
दर्द बहुत था दिल में मगर हम रोए नहीं

कोई नहीं जो हमसे इतना भी पूछे
जाग रहे हो किसके लिए, क्यों सोए नहीं

दुख है अकेलेपन का मगर ये नाज़ भी है
भीड़ में अब तक इनसानों की खोए नहीं

अपनी नज़र में ख़ुद को सुबुक[1] हमने न किया
यानी किसी की राह में काँटे बोए नहीं

---

1. हलका

इस हिसारे-रोज़ो-शब से[1] दोस्तो निकलो ज़रा
देख ली दुनिया बहुत, अब ख़ुद को भी देखो ज़रा

जिस तरफ़ भी जाइए, तनहाइयों की गर्द है
शह्रे-दिल में यक-ब-यक[2] क्या हो गया, सोचो ज़रा

साये फिर साये हैं, ढल जाएँगे ये सूरज के साथ
ये हक़ीक़त तल्ख़ है लेकिन इसे समझो ज़रा

कोंपलें ज़ख़्मों की फिर मुरझा गईं अह्ले-जुनूँ
आओ शाख़े-आरज़ू को ख़ूँ से फिर सींचो ज़रा

आँसुओं का सैल[3] हर शै[4] को बहा ले जाएगा
जिस तरह भी बन पड़े, इस सैल को रोको ज़रा

---

1. रात-दिन के घेरे से; 2. एकाएक; 3. बाढ़; 4. वस्तु

ज़मीं से ता-ब-फ़लक[1] धुंध की ख़ुदाई है
हवा-ए-शहरे-जुनूँ क्या पयाम लाई है

पिया है ज़हर भी, आबे-हयात[2] भी, लेकिन
किसी ने तिश्नगि-ए-जिस्मो-जाँ[3] बुझाई है

ये कोई ज़िद है कि है रस्मे-आशिक़ी ही यही
हवा के रुख़ पे जो शमए-वफ़ा जलाई है

ये कम नहीं कि तरफ़दार हैं मेरे कुछ लोग
हुनर की वर्ना यहाँ किसने दाद पाई है

मुसाफ़िराने-रहे-शौक़[4], और तेज़ क़दम
कि चंद गाम ही अब मंज़िले-जुदाई है

1. आकाश तक; 2. अमृत; 3. शरीर और प्राण की प्यास; 4. प्रेम-मार्ग के पथिक

जुस्तजू[1] जिसकी थी उसको तो न पाया हमने
इस बहाने से मगर देख ली दुनिया हमने

सबका अहवाल[2] वही है जो हमारा है आज
ये अलग बात कि शिकवा किया तनहा हमने

खुद पशेमान हुए, नै[3] उसे शरमिंदा किया
इश्क़ की वज़अ[4] को क्या ख़ूब निभाया हमने

कौन-सा क़हर ये आँखों पे हुआ है नाज़िल
एक मुद्दत से कोई ख़्वाब न देखा हमने

उम्र भर सच ही कहा, सच के सिवा कुछ न कहा
उज्र[5] क्या इसका मिलेगा ये न सोचा हमने

1. तलाश; 2. हाल; 3. न ही; 4. तौर-तरीक़ा; 5. पुरस्कार

आँधी की ज़द[1] में शमए-तमन्ना जलाई जाए
जिस तरह भी हो लाज जुनूँ की बचाई जाए

बेआबो-बेगियाह[2] है ये दिल का दश्त[3] भी
इक नह्र आँसुओं की यहाँ भी बहाई जाए

आजिज़ हैं अपने ताल-ए-बेदार[4] से बहुत
हर रात हमको कोई कहानी सुनाई जाए

सब कुछ बदल गया है मगर लोग हैं बज़िद
मेहताब ही में सूरते-जानाँ दिखाई जाए

कुछ साग़रों में ज़ह्र है, कुछ में शराब है
ये मसइला है तिश्नगी किससे बुझाई जाए

शह्रों की सरहदों पे है सेहराओं का हुजूम
क्या माजरा है, आओ ख़बर तो लगाई जाए

नाज़िल हो जिस्मो-रूह पे जब बेहिसी का क़ह्र
उस वक़्त दोस्तो ये ग़ज़ल गुनगुनाई जाए

---

1. चपेट; 2. जल-वनस्पति-हीन; 3. रेगिस्तान; 4. जागरूक मन का भाग्य

आँखों से ख़ूँ छलकता रहा, दिल दुखा रहा
और इसपे भी किसी से न मुझको गिला रहा

या इश्क़ था उदासि-ओ-तनहाई से मुझे
या वक़्त एक मोड़ पे सदियों रुका रहा

क्या रात शहूरे-दर्द में आई न थी हवा
क्यों चाँद तीरगी के भँवर में फँसा रहा

सब हमसफ़र शहीद हुए राहे-शौक़ में
परछाइयों के वार से इक मैं बचा रहा

दिल के वरक़ पे लिखा था जो कुछ सो मिट गया
लेकिन जबीं[1] पे जो भी लिखा था, लिखा रहा

---

1. माथा

बुनियादे-जहाँ[1] में कजी[2] क्यों है
हर शै में किसी की कमी क्यों है

क्यों चेहर-ए-ख़ार[3] शिगुफ़्ता[4] है
और शाख़े-गुलाब झुकी क्यों है

वो वस्ल का दिन क्यों छोटा था
ये हिज्र की रात बड़ी क्यों है

जिस बात से दिल में हलचल है
वो बात लबों पे रुकी क्यों है

मत देख कि कौन है परवाना
ये सोच कि शमा जली क्यों है

न थे ख़्वाब तो आँसू ही होते
मेरा कास-ए-चश्म[5] तही[6] क्यों है

1. दुनिया की नींव; 2. टेढ़ापन; 3. काँटे का चेहरा; 4. खिला हुआ; 5. आँख रूपी पात्र; 6. खाली

शबे-ग़म क्या करें कैसे गुज़ारें
किसे आवाज़ दें, किसको पुकारें

सरे-बामे-तमन्ना कुछ नहीं है
किसे आँखों से इस दिल में उतारें

वही मुबहम[1]-सी सरगोशी हवा की
वही अफ़सुर्दा[2] शमओं की क़तारें

वही धुँधले से नन्हे-नन्हे साये
वही सूनी सिसकती रहगुज़ारें

कहाँ तक याद ग़मख़्वारी[3] करेगी
कहाँ तक ज़ुल्फ़े-तनहाई सँवारें

मगर इसके सिवा चारा ही क्या है
ख़िला[4] में इक नया चेहरा उभारें

उठो नींदों से आँखों को जलाएँ
चलो ख़्वाबों की परियों को पुकारें

---

1. अस्पष्ट; 2. उदास; 3. दुख बाँटना; 4. शून्य, अंतरिक्ष

खुशबू का जिस्म, साये का पैकर[1] नज़र तो आए
दिल जिसको ढूँढता है वो मंज़र नज़र तो आए

अहूले-वफ़ा को शौक़े-शहादत है आज भी
लेकिन किसी के हाथ में ख़ंजर नज़र तो आए

फिर छोड़ देंगे ये भी तआक़्क़ुब[2] सुराब[3] का
तिश्नालबों को कोई समंदर नज़र तो आए

आँखें ख़िला की धुंध से आगे करें सफ़र
इक नूर[4] की लकीर उफ़क़[5] पर नज़र तो आए

दो-चार दिन सुकून से हम भी गुज़ार लें
इस दश्ते-बेकराँ[6] में कोई घर नज़र तो आए

---

1. काया; 2. पीछा; 3. मरीचिका; 4. प्रकाश; 5. क्षितिज; 6. असीम रेगिस्तान

मिशअले-दर्द[1] फिर एक बार जला ली जाए
जश्न हो जाए ज़रा, धूम मचा ली जाए

ख़ून में जोश नहीं आया ज़माना गुज़रा
दोस्तो आओ कोई बात निकाली जाए

जान भी मेरी चली जाए तो कुछ बात नहीं
वार तेरा न मगर एक भी ख़ाली जाए

जो भी मिलना है तेरे दर ही से मिलना है इसे
दर तेरा छोड़ के कैसे ये सवाली जाए

वस्ल[2] की सुब्ह के होने में है कुछ देर अभी
दास्ताँ हिज्र[3] की कुछ और बढ़ा ली जाए

1. दर्द की मशाल; 2. मिलन; 3. वियोग

हौसला दिल का निकल जाने दे
मुझको जलने दे पिघल जाने दे

आँच फूलों पे न आने दे मगर
ख़सो-ख़ाशाक[1] को जल जाने दे

मुद्दतों बाद सबा[2] आई है
मौसमे-दिल को बदल जाने दे

छा रही हैं जो मेरी आँखों पर
उन घटाओं को मचल जाने दे

तज़्किरा[3] उसका अभी रहने दे
और कुछ रात को ढल जाने दे

---

1. घास-फूस; 2. ठंडी हवा; 3. चर्चा

दयारे-दिल[1] न रहा बज़्मे-दोस्ताँ[2] न रही
अमाँ[3] की कोई जगह ज़ेरे-आसमाँ[4] न रही

रवाँ हैं आज भी रग-रग में .ख़ून की मौजें
मगर वो एक ख़लिश वो मताए-जाँ[5] न रही

लड़े ग़मों के अँधेरों से किसकी ख़ातिर हम
कोई किरन भी तो इस दिल में ज़ौ-फ़िशाँ[6] न रही

मैं उसको देख के आँखों का नूर खो बैठा
ये ज़िंदगी मेरी आँखों से क्यों निहाँ[7] न रही

ज़बाँ मिली भी तो किस वक़्त बेज़बानों को
सुनाने के लिए जब कोई दास्ताँ न रही

---

1. दिल की बस्ती; 2. दोस्तों की महफ़िल; 3. शरण; 4. आकाश के नीचे; 5. प्राण-पूँजी; 6. प्रकाश बिखेरती; 7. छिपी हुई

वो बेवफ़ा है हमेशा ही दिल दुखाता है
मगर हमें तो वही एक शख़्स भाता है

न ख़ुश-गुमान[1] हो उस पर तू ऐ दिले-सादा
सभी को देख के वो शोख़ मुस्कराता है

जगह जो दिल में नहीं है मेरे लिए न सही
मगर ये क्या कि भरी बज़्म[2] से उठाता है

तेरे करम[3] की यही यादगार बाक़ी है
ये एक दाग़ जो इस दिल में जगमगाता है

अजीब चीज़ है ये वक़्त जिसको कहते हैं
कि आने पाता नहीं और बीत जाता है

---

1. भ्रमों से ग्रस्त; 2. महफ़िल, 3. कृपा

काश पूछे ये चारागर[1] से कोई
कब तलक और यूँही तरसे कोई

कौन-सी बात है जो उसमें नहीं
उसको देखे मेरी नज़र से कोई

सच कहे सुनके जिसको सारा जहाँ
झूट बोले तो इस हुनर से कोई

ये न समझो कि बेज़बान है वो
चुप अगर है किसी के डर से कोई

हिज्र[2] की शब हो या विसाल[3] की शब
शब को निस्बत[4] नहीं सेहर[5] से कोई

---

1. उपचार करनेवाला; 2. वियोग; 3. मिलन; 4. संबंध; 5. सुबह

ये क्या जगह है दोस्तो, ये कौन-सा दयार है
हदे-निगाह[1] तक जहाँ ग़ुबार ही ग़ुबार है

हर एक जिस्म रूह के अज़ाब से निढाल है
हर एक आँख शबनमी, हर एक दिल फ़िगार[2] है

हमें तो अपने दिल की धड़कनों पे भी यक़ीं नहीं
ख़ुशा[3] वो लोग जिनको दूसरों पे एतबार है

न जिसका नाम है कोई, न जिसकी शक्ल है कोई
इक ऐसी शै[4] का क्यों हमें अज़ल[5] से इंतिज़ार है

1. दृष्टि-सीमा; 2. टूटा हुआ; 3. धन्य हैं; 4. वस्तु; 5. सृष्टि का आरंभ

बेताब हैं और इश्क़ का दावा नहीं हमको
आवारा हैं और दश्त का सौदा[1] नहीं हमको

ग़ैरों की मुहब्बत पे यक़ीं आने लगा है
यारों से अगरचे कोई शिकवा नहीं हमको

नैरंगि-ए-दिल[2] है कि तग़ाफ़ुल[3] का करिश्मा
क्या बात है जो तेरी तमन्ना नहीं हमको

या तेरे अलावा भी किसी शै[4] की तलब है
या अपनी मुहब्बत पे भरोसा नहीं हमको

या तुम भी मुदावा-ए-अलम[5] कर नहीं सकते
या चारागरो[6] फ़िक्रे-मुदावा[7] नहीं हमको

यूँ बरहमि-ए-काकुले-इमरोज़[8] से खुश हैं
जैसे कि ख़याले-रुख़े-फ़र्दा[9] नहीं हमको

1. उन्माद; 2. दिल का रंग बदलना; 3. उपेक्षा; 4. वस्तु; 5. दुखों का उपचार; 6. इलाज करने वालो; 7. इलाज की चिंता; 8. वर्तमान की जुल्फ़ों का बिखराव; 9. भविष्य के मुखड़े का विचार

जुनूँ के नग़्मे, वफ़ाओं के गीत गाते हुए
हमारी उम्र कटी ज़ख़्मे-दिल छिपाते हुए

जहाँ में हमने फ़क़त[1] इक तुम्हीं को चाहा है
तुम्हें ख़याल न आया ये दिल दुखाते हुए

हमें भी ज़िंदगी करने का हौसला था कभी
हमें भी लोगों ने देखा है मुस्कुराते हुए

कोई है जो हमें दो-चार पल को अपना ले
ज़बान सूख गई ये सदा लगाते हुए

---

1. केवल

दोस्तों में नहीं वो बात जो अग़ियार[1] में है
सच यही है पे ताम्मुल[2] हमें इज़हार[3] में है

इक वफ़ा-पेशा ने कर ली है वफ़ा से तौबा
तज़्किरा आज यही कूच-ओ-बाज़ार में है

उम्र भर देखा किए उसकी तरफ़ यूँ जैसे
सारे आलम की हक़ीक़त निगाहे-यार में है

एक आलम है कि उस सिम्त खिंचा जाता है
जाने वो कौन-सी खूबी रसनो-दार[4] में है

1. दुश्मनों; 2. संकोच; 3. अभिव्यक्ति; 4. सूली और फाँसी

लाख ख़ुरशीद[1] सरे-बाम[2] अगर हैं तो रहें
हम कोई मोम नहीं हैं कि पिघल जाएँगे

हर गली-कूचे में रुसवा[3] हुए जिनकी ख़ातिर
क्या ख़बर थी कि वही लोग बदल जाएँगे

उनके पीछे न चलो, उनकी तमन्ना न करो
साये फिर साये हैं कुछ देर में ढल जाएँगे

काफ़िले नींदों के आए हैं, इन्हें ठहरा लो
वरना ये दूर बहुत दूर निकल जाएँगे

---

1. सूरज; 2. छत के ऊपर; 3. बदनाम

ज़िक्र किसी का फिर निकला, फिर छाई उदासी महफ़िल पर
आज की रात कड़ी गुज़रेगी शायद फिर अह्ले-दिल पर

मेरी मुहब्बत के अंजाम की फ़िक्र तुम्हें इतनी क्यों है
जो कुछ भी बीतेगी यारो बीतेगी मेरे दिल पर

चाहे जितना तेज़ चलो मुझसे तुम मेरे हमसफ़रो
पहुँच न पाओगे तुम लेकिन मुझसे पहले मंज़िल पर

फ़ुरसत वक़्त न दे तो हम भी लिक्खेंगे इसकी रूदाद[1]
कैसे तूफ़ानों से निकले, पहुँचे कैसे साहिल[2] पर

---

1. कहानी; 2. किनारा

जब भी मिलती है मुझे अजनबी लगती क्यों है
ज़िंदगी रोज़ नए रंग बदलती क्यों है

धूप के क़हर का डर है तो दयारे-शब[1] से
सर-बरहना[2] कोई परछाईं निकलती क्यों है

मुझको अपना न कहा इसका गिला तुझसे नहीं
इसका शिकवा है कि बेगाना समझती क्यों है

तुझसे मिलकर भी न तनहाई मिटेगी मेरी
दिल में रह-रहके यही बात खटकती क्यों है

मुझसे क्या पूछ रहे हो मेरी वहशत का सबब
बू-ए-आवारा[3] से पूछो कि भटकती क्यों है

1. रात की बस्ती; 2. नंगे सर; 3. भटकती हुई गंध

दरिया चढ़ते हैं उतर जाते हैं
हादिसे सारे गुज़र जाते हैं

रातें जैसी भी हों ढल जाती हैं
ज़ख़्म कैसे भी हों भर जाते हैं

कोई मातम नहीं करता उनका
पैदा होते ही जो मर जाते हैं

यादें रह जाती हैं डसने के लिए
दिन तो आते हैं गुज़र जाते हैं

जाने क्या हो गया अह्ले-ग़म को
दिल धड़कता है तो डर जाते हैं

बुलावा

आओ इन बुझी हुई साँसों में
फिर से सन्नाटे पिरोने आओ

ये नदी बहती चली जाती है
तेरी परछाईं ढली जाती है
रोकनेवाला कोई हाथ नहीं
आधा टूटा हुआ वो चाँद मेरे साथ नहीं

सीटियाँ लेके हवा निकली है
आज घनघोर चिराग़ाँ होगा
कुंडियाँ खुलने लगी हैं घर की
सारे पर्दों को गिराते जाओ
बस यहाँ आके ठहर जाना है
इसी नुक़्ते से लकीरों का जनम होना है

फिर मुसल्लस[1] से कोई दायरा[2] टकराएगा
नींद की किर्चें चुभेंगी, आँखें
टहनियाँ बनके ज़मीनों में उतर जाएँगी
दूर जंगल की तरफ़ जाती हुई पगडंडी
इक नई सिम्त[3] में मुड़ जाएगी

आँख ता-हद्दे-नज़र[4] फैली हुई रात की दीवार
में गड़ जाएगी
ख़ौफ़ के क़तरों से जिस्मों के पियाले भर के
अजनबी बस्ती के लोग आएँगे

1. त्रिभुज; 2. वृत्त; 3. दिशा; 4. दृष्टि की सीमा तक

ये रात

ये बिस्तरे-तनहाई
जी में है लपेटूँ मैं

ऐ रात ! वजूद अपना
कह दे तो समेटूँ मैं

उस आधे बदनवाली
परछाईं को दिखला दे

मैं आग में जलता हूँ
तू ओस में नहला दे

अपने से दूरी

मैं जीने के शग़ल में क्यों मसरूफ़ रहा
मेरी हद क्या है
मैं क्यों न भूल गया
इक-दो साँसें बाक़ी हैं
मैं मुजरिम हूँ
मेरे नाम की तख़्ती
मेरे कत्बे[1] को
पढ़नेवाली आँखें
किसकी आँखें हैं

1. कब्र पर लगा शिलालेख

रात जुदाई की रात

कटती नहीं सर्द रात
ढलती नहीं ज़र्द रात
रात जुदाई की रात
ख़ाली गिलासों की सिम्त[1]
तकती हुई आँख में
क़तर-ए-शबनम[2] नहीं
कौन लहू में बहे
मेरी रगों में चले
तेज़ हो साँसों का शोर
जलने लगे पोर-पोर
आए समंदर में जोश
गिर पड़े दीवारे-होश
सूखी हुई शाख़ पर
बर्गो-समर[3] खिल उठें
आओ मेरी नींद की
बिखरी हुई पत्तियाँ
आज समेटो ज़रा
कब से खुला है बदन
इसको लपेटो ज़रा
एक शिकन दो शिकन
बिस्तरे-तनहाई पर
फिर से बढ़ा दो ज़रा
मुझको रुला दो ज़रा
एक पह्र रात है
रात जुदाई की रात

---

1. तरफ़; 2. ओस की बूँद; 3. पत्ते और फल

रात के समंदर के उस तरफ़

धुँध और धुआँ कितना
मेहरबान है हम पर
पाँव हैं ज़मीनों पर
आसमान है सर पर

ख़्वाहिशों की कड़ियों को
आज जोड़ लें हम भी
इन बदी-दरख़्तों से
फूल तोड़ लें हम भी

नींद-किश्तियाँ लेकर
ख़्वाब-बादबाँ खोलें
रात के समंदर के
उस तरफ़ चले जाएँ

उसके हिस्से की ज़मीं

वो यहाँ तक रौशनी के साथ था
उसकी मुट्ठी में कई सूरज, बहुत-से चाँद थे
उसके क़दमों की सदा[1] से रास्ते आबाद थे
उसकी आँखों में अधूरे ख़्वाब थे
उसके होंटों पर ख़ुदा का नाम था
मंज़िले-सूदो-ज़ियाँ[2] आई न थी
धूप उसके दरमियाँ आई न थी
और उसके बाद ये देखा गया
पहले वो, फिर रौशनी ओझल हुई
उसके हिस्से की ज़मीं जल-थल हुई
वो यहीं तक रौशनी के साथ था

आवाज़; 2. लाभ-हानि की अवस्था

अपने से पहला मकालमा[1]

हवा की करवटों ने आसमान पर
लकीरें फिर बनाई हैं
उन्हें गिनो
कि तुम बहुत उदास हो
उदास किसलिए हो तुम
ये बात तुममें कोई जानता नहीं
तुम्हारे कान अपने दिल की बाज़गश्त[2] भी कभी न सुन सके

तुम्हारे जिस्म बेलहू हैं
रेत इनमें दौड़ती है
रेत बेसुराब[3] है
तुम्हारी क़िस्मतों में बस अज़ाब[4] है
इसीलिए तुम्हारे हाथों ने ज़मीन को कभी छुआ नहीं
हवा की करवटों ने आसमान पर
लकीरें फिर बनाई हैं, उन्हें गिनो

---

1. संवाद; 2. प्रतिध्वनि; 3. मरीचिका से रहित; 4. मुसीबत

इतनी रौशनी

न जाने क्या हुआ दीवारो-दर को
मैं किन आँखों से देखूँ अपने घर को

कहीं भी धुंध, तारीकी[1] नहीं है
हरेक कमरे में इतनी रौशनी है
कि कुछ भी देखना मुमकिन नहीं है

---

1. अँधेरा

कुछ बोलने दो

खोलने दो
खुशबू के दरीचे[1] खोलने दो
तोलने दो
इस तायरे-जाँ[2] को दूर देस के लंबे सफ़र पर जाने दो
पर तोलने दो
बोलने दो
इस जिस्म की क़ैद में सुर्ख़ लहू को बोलने दो
इन सब्ज़ सुनहरे पर्दों के उस सिम्त
बड़ा सन्नाटा है
मत टोको मुझे, मत रोको मुझे
कुछ बोलने दो

---

1. खिड़कियाँ; 2. प्राण-पखेरू

एक अधूरी ख़्वाहिश

ये खंज़र लो और वार करो
और मेरे सौ टुकड़े कर दो

फिर छलनी जिस्म को सहलाओ
आँखों की ओस में नहलाओ

तुम मेरे क़ातिल कहलाओ
उस दिन के लिए मैं ज़िंदा हूँ

ख़ुदकलामी[1] की एक और कोशिश

अभी दरख़्तों से धूप उतरेगी
रास्तों पर
उदास परछाइयों के लश्कर
अजीब बेनाम से सफ़र पर
निकल पड़ेंगे
सियाह धब्बों के दायरों में
सफ़ेद नुक़्ते बना-बनाकर मिटानेवाली तुम्हारी आँखें
ये देखने को खुली हुई हैं
तुम अपनी तनहाइयों के सेहरा को ज़र्रा-ज़र्रा समेटे जाओ, बिखेरे जाओ
ज़मीन थोड़ी-सी जो मिली है
उसी में फ़स्लें उगाए जाओ
मगर ये सब कुछ तो वो नहीं है जो हमने तुमने ख़ुदा से माँगा था
आस आँखों में अब नहीं है
फ़लक[2] का साया नहीं है जिस पर
ये वो ज़मीं है
अभी दरख़्तों से धूप उतरी थी, याद आया

1. .ख़ुद से बातचीत; 2. आसमान

अलाव सर्द हो गया

अलाव सर्द हो गया
हमारी रूह का अलाव सर्द हो गया,
दबीज़[1] बर्फ़ की तहें हटाके देख लो अगर यक़ीं न हो
रगों में ख़ून जम चुका है
दिल की धड़कनों का सिलसिला भी टूट जाएगा
रेत से बना हुआ ये जिस्म रेत बनके दूर-दूर फैल जाएगा
सिवाय रेत अब तुम्हारे हाथ कुछ न आएगा

---

1. मोटा, भारी-भरकम

एतराफ़[1]

हिन्दुस्तानी दानिशवारों[2] से

हम बहुत बुज़दिल हैं
हम इक़रार करते हैं
आसमानों से उधर ले जाके हमको फेंक दो
नीचे बहुत नीचे
मगर ये इल्तजा है
हाथ, आँखें, कान, लब
बाकी रहें या ख़त्म हो जाएँ
बस इक ये रीढ़ की हड्डी न टूटे
रेंगते रहने की ये आदत न छूटे

---

1. स्वीकार; 2. बुद्धिजीवियों

नज्मा[1] के लिए एक नज़्म

क्या सोचती हो
दीवारे-फ़रामोशी[2] से उधर क्या देखती
आईन-ए-ख़्वाब में[3] आनेवाले लम्हों के मंज़र देखो
आँगन में पुराने नीम के पेड़ के साये में
भैयू[4] के जहाज़ में बैठी हुई नन्हीं चिड़िया
क्यों उड़ती नहीं
जंगल की तरफ़ जानेवाली वो एक अकेली पगडंडी
क्यों मुड़ती नहीं
टूटी ज़ंजीर सदाओं की क्यों जुड़ती नहीं
इक सुर्ख़ गुलाब लगा लो अपने जूड़े में
और फिर

---

1. शहरयार की बीवी नज्मा शहरयार; 2. विस्मृति की दीवार; 3. सपनों के दर्पण में; 4. शहरयार का बेटा हुमायूँ

नया दिन नया अज़ाब[1]

सर्द शाख़ों पे ओस के क़तरे
हैं अभी महूवे-ख़्वाब[2] और सूरज
रथ पे अपने सवार आता है

---

1. कष्ट; 2. निद्राग्रस्त

मुनज़्ज़म मनाज़िर[1] से आगे

बहार और ख़िज़ाँ, मौत और ज़िंदगी के मुनज़्ज़म मनाज़िर से
आगे भी कुछ ऐसे मंज़र हैं
आँखों की जिन तक रसाई[2] नहीं
शजर जिसकी सारी जड़ें आसमानों में फैली हैं
और टहनियाँ, खुरदरी, सख़्त लावा उगलती
ज़मीं के बदन में मुसलसल उतरती चली जा रही हैं
हवा के समंदर में बे-बादबाँ किश्तियों पर दरिंदे,
लहू-रंग ख़ुशबू की दीवार का गहरा साया
हरी, सुर्ख़, नीली, सियह[3] रौशनी
रौशनी की लकीरें
लकीरों की आवाज़
आवाज़ का दायरा
दायरे और नुक़्ते में बढ़ता हुआ फ़ासला
फ़ासला और सफ़र
बहार और ख़िज़ाँ, मौत और ज़िंदगी के मुनज़्ज़म मनाज़िर से
आगे भी कुछ ऐसे मंज़र हैं
आँखों की जिन तक रसाई नहीं है

---

1. व्यवस्थित दृश्यों; 2. पहुँच; 3. काली

सफ़र की एक मंज़िल

हमारी किश्ती के बादबाँ से
हवा उलझती है, पूछती है
कि तुमने .खुश्की के सब निशानात क्यों. मिटाए
समंदरों के सफ़र में जी का ज़ियाँ[1] बहुत है
समंदरों में सफ़र की मंज़िल फ़क़त[2] समंदर
समंदरों में सफ़र का हासिल[3] फ़क़त समंदर
चिराग़ ख़्वाबों के क्यों बुझाए
हमारी किश्ती के बादबाँ से
हवा उलझती है, पूछती है
कि तुमने ख़ुश्की के सब निशानात क्यों मिटाए

---

1. नुक़सान; 2. केवल 3. प्राप्य

वामांदगि-ए-शौक़[1]

खड़ी रहो
इसी जगह इसी तरह खड़ी रहो
सफ़ेद बर्फ़ की चटान क़तरा-क़तरा गल रही है
गलने दो
स्याह और तवील[2] रात धीरे-धीरे ढल रही है
ढलने दो
मेरी निगाह के हिसार[3] में यूँही खड़ी रहो
मैं तुमसे और दूर हो रहा हूँ, मुझसे मत डरो
इन उँगलियों पे ओस के निशान थे जो मिट गए
लबों पे एक अजनबी का नाम था जो बुझ गया
हिरन की आँख ख़ौफ़ की चमक से भी तही[4] हुई
दरिंदे जंगलों को छोड़कर कहीं चले गए
खड़ी रहो
इसी जगह इसी तरह खड़ी रहो

---

1. प्रेम की थकान; 2. काली और लंबी; 3. घेरा; 4. खाली

एक मैं भी हूँ

पतझड़ों के आने से
और कुछ तो क्या होगा
इन घने दरख़्तों के
साये के तले बैठे
लोग उठ खड़े होंगे
लंबी दूरियों वाले
अजनबी सफ़र जिनको
ये भुला चुके होंगे
उनको याद आएँगे
लज़्ज़ते-सफ़र[1] उनको
कब ये सोचने देगी
पतझड़ों के आने तक
इन घने दरख़्तों ने
धूप की तमाज़त[2] से
कितनी क्या हिफ़ाज़त की
पतझड़ों के आने का
ख़ौफ़ जिनपे तारी[3] है
उनमें एक मैं भी हूँ
उनमें एक मैं भी हूँ

---

1. यात्रा का आनंद, 2. गर्मी, 3. छाया हुआ।

लाज़वाल होने का बहाना

रात की खुली खिड़की
बंद होनेवाली है
चाँद के कटोरे में
ओस भरनेवाली है
ये अजब सफ़र इसका
अब तमाम[1] होता है
लाज़वाल[2] होने का
देखो क्या बहाना है
कल भी इक हक़ीक़त था
आज भी फ़साना है
आसमान की जानिब[3]
सबके हाथ उठते हैं
उसके ख़ून की सुर्ख़ी
बर्गो-बार[4] लाएगी
बेनमाज़ बंदों पर
यानी इन दरिंदों पर
हर क़दम सलीबों का
इंतज़ार लाएगा

---

1. पूरा, अंत, 2. अमर, पतनमुक्त, 3. तरफ़, 4. पत्रपुष्प।

हर्फ़े-नागुफ़्तनी

शाम ढलते ही मेरी आँखों ने
इक समंदर के ख़दो-ख़ाल[1] गढ़े
रात की कश्ती उतारी उसमें
इक किनारे पे तुझे बिठलाया
दूसरे पे मुझे ज़ंजीर किया
बावजूद इसके मेरे होंटों ने
जिस्म पर तेरे बहुत देर तलक
हर्फ़े-नागुफ़्तनी[2] तहरीर किया[3]

---

1. नाक-नक़्शा, 2. न कहने लायक़ बात, 3. लिखा।

वो मोड़

फिर तेरी तितलीनुमा सूरत मुझे याद आ गई
मुझको वो लम्हा अभी भूला नहीं
एक कोने में कई लोगों के साथ
गुफ़्तगू[1] में मुनहमक[2] खोया हुआ
मेरी आँखों ने कभी तुझ-सा कोई देखा न था
मैं तुझे तकने लगा
देर तक तकता रहा
आँख से, कानों से, होंटों से तुझे तकता रहा
क्या अजब दीवानगी थी
रश्क आया बख़्त[3] पे अपनी मुझे
लफ़्ज़ के असरार[4] मुझपे वा हुए[5]
घंटियाँ-सी मेरे कानों में बजीं
नूर के सैलाब में डूबी हुई उस शाम की
एक-इक साअत मेरे हमराह[6] है
रुक गया है वक़्त उस इक मोड़ पर
मैं जुदाई के लिए मजबूर था
तू जुदाई पर जहाँ मसरूर[7] था

---

1. बातचीत, 2. तल्लीन, 3. भाग्य, 4. भेद, 5. खुल गए, 6. साथ, 7. प्रसन्न।

खेल का नतीजा

क्यों मलाल है इतना
हार-जीत में तुमको
फ़र्क़ क्यों नज़र आया
खेल का नतीजा तो
खेलने की लज़्ज़त[1] है
जो तुम्हारे हिस्से में
और लोगों की निस्बत[2]
कुछ ज़ियादा आई है
फिर मलाल कैसा है ?

---

1. आनंद, 2. अपेक्षा।

होंटों से नहीं लिक्खी

आज साफ़ पानी पर
उँगलियों से लिक्खी है
तेरे नाम इक चिट्ठी
आए अब हवा आए
और साफ़ पानी को
तेरी सिम्त[1] ले जाए
रास्ते में हाँ उसको
और कोई न पढ़ जाए
हो न तेरी रुसवाई[2]
तेरे नाम ये चिट्ठी
होंटों से नहीं लिक्खी
उँगलियों से लिक्खी है

---

1. तरफ़, 2. बदनामी।

मैं तुझसे तू मुझसे ख़ाइफ़

मेरे होंट पे दो क़तरे हैं
तेरे पास समंदर है
मेरी आँख जिधर भी देखे
तेरा जिस्म मुनव्वर[1] है
मैं तुझसे तू मुझसे ख़ाइफ़[2]
बस इतना-सा अंतर है
तू जब चाहे रुक सकती है
ताक़त तेरे अंदर है
ख़ुद को अपनी हद में रखना
मेरे बस से बाहर है

---

1. आलोकित, 2. भयभीत।

हविस सिवा कोई नहीं

तुम्हारे मेरे दरमियाँ
हविस सिवा कोई नहीं
तुम्हें भी इसका इल्म है
ख़बर मुझे भी इसकी है
कभी तुम अपने जिस्म से
अलग मुझे मिलो कहीं
कि मैं तो अपने जिस्म से
जुदा कभी हुआ नहीं

प्यास से रिहाई

शब की सारी सुराहियाँ ख़ाली
हो चुकीं जब, तो सुब्ह का सूरज
मेरे होंटों के पास आया, कहा,
"रात को क़तरा-क़तरा पीने से
प्यास बुझती नहीं है, बढ़ती है,
सब्त[1] कर होंट मेरे होंटों पर
और इस प्यास से रिहाई पा।"

---

1. अंकित।

बुज़दिल होने का ख़मियाज़ा

इतनी देर तलक आँखों ने
रात तुझे सपने में देखा
तुझको छूने की ख़्वाहिश को
कितनी दुश्वारी से टाला
बुज़दिल होने का ख़मियाज़ा[1]
मैंने सपने में भी भुगता

---

1. दंड, विशेषकर अर्थदंड।

तुम मेरे पास...

तुम मेरे पास बहुत देर से हो
दस्ते-मेहताब[1] ने पेशानी पर
फिर वही लिक्खा है जो आख़िरे-शब[2]
रोज़ लिखता है, जिसे जानके
पढ़ते नहीं तुम
और मुझे पढ़ने पे उकसाते हो
तुम मेरे पास बहुत देर से हो

---

1. चाँद के हाथ, 2. रात के पिछले पहर।

आख़िरी कोशिश तो करनी है

माना हैं शल[1] हाथ तुम्हारे
माना हैं पतवार पुराने
माना साहिल[2] दूर बहुत है
माना दरिया है तूफ़ानी
कश्ती पार नहीं होने की
आख़िरी कोशिश तो करनी है

---

1. चूर, 2. किनारा।

बारिश थमनेवाली है
बादल अपने परों को समेट रहे हैं
होश में आओ
साँसों में हमवारी[1] पैदा करो
वो मुख़्तसर लम्हा जा चुका है
और तवीलो-बेहिस[2] दिन
उसकी जगह लेनेवाला है

---

1. संतुलन; 2. लंबा और संवेदनहीन

वो अभी दूर है और साया है
उसके क़रीब जाओ
या उसे अपने पास बुलाओ
उसको ऐसी शक्ल दो
जो तुम्हें पसंद हो
उसको ऐसा जिस्म दो
जिसमें आग ही आग हो
जो तुम्हें पिघला दे, जला दे
और दुनिया के लिए तुम्हें यादगार बना दे
उसको ऐसी रूह दो
जो अज़ीयतों[1] और दुखों के
बोझ उठा सके
जो बग़ैर जिस्म की बैसाखी के
मौत की मंज़िल तक जा सके
वो अभी दूर है और साया है
उसके क़रीब जाओ या उसे अपने पास बुलाओ

---

1. यंत्रणाओं

दरिया की सतह का सुकून इक फ़रेब है
नीचे तह में देखो
मौजें[1] बिफर-बिफरकर
एक दूसरे पर हमला कर रही हैं
और अपनी नफ़रतों की आग में जल रही हैं
और इस तरह
अपने वजूद का असबात[2] कर रही हैं

---

1. लहरें; 2. दावा

खुदकलामी[1]

उधर देखो हवा के बाज़ुओं में
एक आहट क़ैद है
गुंजान[2] पेड़ों की क़तारों में
नई पगडंडियों की सूनी आँखें
नुकूशे-पा[3] तुम्हारे ढूँढती हैं

ज़मीं करवट बदलने के लिए बेचैन-सी है
आसमाँ पर रात की अफ़वाज[4] तलवारें लिए
सूरज की जानिब बढ़ रही हैं

अगर तुम चाहते हो
इस ज़मीं पर हुक्मरानी हो तुम्हारी
फ़ज़ूँ[5] कुछ सरगिरानी[6] हो तुम्हारी
तो मेरी बात मानो
हवा के बाज़ुओं में क़ैद इस आहट को
अब आज़ाद कर दो

---

1. खुद से बातचीत; 2. घने; 3. पदचिह्न; 4. फ़ौजें; 5. वृद्धि की ओर अग्रसर; 6. प्रताप

तलाशे-हक़[1]

हाथ किसी चिराग़ की
लौ की तरफ़ बढ़े हुए
होंट किसी गुलाब को
चूमने को खिले हुए
आँख ख़िला के आख़िरी
नुक़्ते को ढूँढती हुई
टूटी हुई सलीब के
साये में ख़ूँ से तर-बतर
रेल की पटरियों पे इक
लाश है फिर पड़ी हुई

---

1. ईश्वर की खोज

एक अजीब ख़ौफ़

नफ़रतों के आईने
चूर होने से पहले
तुमको अपने चेहरों के
मस्ख़[1] होने का इरफ़ान[2]
हो गया तो क्या होगा !

---

1. विकृत; 2. बोध

जुदाई का गीत

तुम मेरे कितने पास हो
मैं तुमसे कितना दूर हूँ

ये उलझा गोला ऊन का
ये नीली शीशी इत्र की
ये टूटी सूई मेज़ पर
बुकशेल्फ़ बेतरतीब-सा
तस्वीर वो दीवार पर
आँगन में साँसों के दिए
कमरों में खुशबू के भँवर
तुम मेरे कितने पास हो
मैं तुमसे कितना दूर हूँ

ज़ुल्फ़ें पशेमाँ[1] दोश[2] पर
हाथों में वो कुछ फूल-से
आँखों में मेरे जिस्म का
नन्हा अधूरा अक्स है
लब हिल रहे हैं वो उधर
तुम मेरे कितने पास हो
मैं तुमसे कितना दूर हूँ

रौशन हैं देखो दूर तक
जुगनू फ़िज़ा[3] में जा-ब-जा[1]
फिर आज जलने के लिए
निकले पतिंगों के परे
कहने को फिर कुछ कान में
शाख़े-तमन्ना झुक गई

गर्दिश ज़मीं की रुक गई
तुम मेरे कितने पास हो
मैं तुमसे कितना दूर हूँ

फिर धूप की यलग़ार[5] में
देखो बरहना-सर[6] हूँ मैं
फिर नींद रूठी आँख से
फिर ख़्वाब टूटे हैं मेरे
फिर आँसुओं से तर हूँ मैं
तुम मेरे कितने पास हो
मैं तुमसे कितना दूर हूँ

ऐ मेहरबाँ, ऐ हमसफ़र
बेरहम हैं शामो-सेहर
उन साइतों की दौड़ में
अंजाम क्या इसके सिवा
तुम और मेरे पास हो
मैं और तुम से दूर हूँ

---

1. लज्जित; 2. कंधा; 3. वातावरण; 4. जगह-जगह; 5. हमला; 6. नंगे सर

ख़ौफ़ का क़हर

वो बढ़ रहा है मेरी सिम्त, रुक गया देखो
वो मुझको घूर रहा है, वो उसके हाथों में
चमकती चीज़ है क्या, और उसकी आँखों से
वो कैसी सुर्ख़-सी सय्याल[1] शै[2] टपकती है
वो उसके होंट हिले, वो बबूल की शाख़ें
कराहने लगीं, वो चील और कव्वों के
परों के शोर से सन्नाटों का फ़ुसूँ[3] टूटा
वो चौंक उट्ठा, वो पीछे मुड़ा, वो चलने लगा
वो तेज़-तेज़, बहुत तेज़-तेज़ चलने लगा
वो इक ग़ुबार-सा, वो धुंध-सी, निगाहों की
हदों से दूर, बहुत दूर जा चुका है वो
वो कौन था, वो मेरी सिम्त बढ़ रहा था क्यों ?

1. द्रवः; 2. वस्तु; 3. जादू

उड़ान

तेरी गर्म साँसों की सरगम से बदमस्त होने लगीं
शाख़े-तनहाई की नर्म, भीगी हुई पत्तियाँ
हर गुज़रगाह[1] पर लड़खड़ाने लगीं
सुरमई, सब्ज़ परछाइयाँ
आसमाँ पर उफ़क़-ता-उफ़क़[2] लहलहाने लगीं
ख़्वाब की खेतियाँ
मौज-दर-मौज[3] सरगोशियों[4] की सबा[5]
सुर्ख़ होंटों को बोसों से सरशार करने लगी
इक नया जुर्म करने पे इसरार करने लगी
झाड़ियों में हवा सरसराने लगी
जिस्म पिघली हुई आग में ग़ुस्ल करने लगे

1. रास्ता; 2. क्षितिज से क्षितिज तक; 3. एक-एक लहर में; 4. कानाफूसियों; 5. ठंडी हवा

ख़तरे का सायरन

तमाम शह्र आग की लपेट में है, भागिए
हुज़ूर कब से मीठी नींद सो रहे हैं, जागिए

समाँ[1] है रोज़े-हश्र[2] का, निगाह तो उठाइए
लगी हुई है आँख पर जो दूरबीं, हटाइए

दराज़ ही में बंद रहने दीजिए तमाम ख़्वाब
खुली है जो किताब़ मेज़ पर न बंद कीजिए

उतारिए न खूँटियों से ख़्वाहिशों के पैरहन[3]
बिखर गए हैं फ़र्श पर हवाए-तुंदो-तेज़ से[4]
वरक़ वो ताज़ा रोज़नामे[5] के भी मत समेटिए
घड़ी की सूइयों की सिम्त देखने से फ़ायदा !
लिबासे-ख़्वाब को बदलने का नहीं है वक़्त अब
तमाम अह्ले-शह्र शह्र छोड़कर चले गए
झुके हुए हैं सर अज़ीम[6] बिल्डिंगों के, देखिए
अब और कुछ न देखिए, अब और कुछ न सोचिए
तमाम शह्र आग की लपेट में है, भागिए

---

1. दृश्य; 2. क़यामत का दिन; 3. वस्त्र; 4. तेज़ हवा से; 5. दैनिक पत्र; 6. महान, विशाल

नई कहानी

ये कहानी सुनी न होगी कभी
ये फ़साना पढ़ा न होगा कभी

सुब्ह की आरज़ू में सारी रात
सुर्ख़, नीले, हरे, सियाह पतंग
शमा के गिर्द रक़्स[1] करते रहे
और सलामत रहे सभी के सर
और सलामत रहे सभी के पर
और सजल और सुबुक[2], सफ़ेद-सफ़ेद
मोम के मक़बरे रहे ख़ाली
और इस बेमिसाल मंज़र को
सिर्फ़ दो आँखें देखने वाली

---

1. नृत्य; 2. हल्के

तशख़ीस[1]

बेपैकर[2] खुशबू के साथ भटकते हो
और शिकायत करते हो तनहाई की
तुम नादाँ हो, जीना तुमको नहीं आता!
इससे ज़ियादा कुछ न कहेंगे लब मेरे

---

1. पहचान, निदान; 2. कायारहित

ख़्वाब

नग़मगी[1] आरज़ू की बिखरी है
रात शरमा रही है अपने से

होंट उम्मीद के फड़कते हैं
पाँव हसरत के लड़खड़ाते हैं

दूर पलकों से आँसुओं के क़रीब
नींद दामन समेटे बैठी है

ख़्वाब ताबीर[2] के शिकस्ता[3] दिल
आज फिर जोड़ने को आए हैं

---

1. गीतात्मकता; 2. स्वप्नफल; 3. टूटे हुए

आख़िरे-शब[1]

कोई सूरत हो इल्ज़ाम की दोस्तो
रो चुकी बेकसी शाम की दोस्तो
बुझ चुकी चाँदनी बाम[2] की दोस्तो

वाद-ओ-अह्दो-पैमान[3] कुछ भी नहीं
दिल बहलने का सामान कुछ भी नहीं
चश्मे-ख़ूँबार[4] में ख़्वाब उतरे कोई
आख़िरे-शब है, मेहताब[5] उभरे कोई

---

1. रात के पिछले पहर; 2. छत; 3. वचन और संकल्प; 4. खून बरसाती हुई आँखें; 5. चाँद

नया दिन नया अज़ाब[1]

सर्द शाख़ों पे ओस के क़तरे
हैं अभी महूवे-ख़्वाब[2] और सूरज
रथ पे अपने सवार आता है

---

1. कष्ट; 2. निद्रामग्न

गीत का जन्म

मैं जो हूँ आज की शब, कल न हूँगा
मैं कुछ ऐसी नई बातें कहूँगा
मैं शायद सबको दीवाना लगूँगा
सदा जो खो गई थी मेरी, मुझसे
मिलेगी मुद्दतों के बाद फिर से

प्रेम-अंत

अपने अश्कों से नहलाकर
नए-नए कपड़े पहनाकर
फूलों की खुशबू में बसाकर
गंगा मैया की तूफ़ानी
लहरों में यूँ फेंक आए हैं
जैसे इस दिन ही की ख़ातिर
हमने उससे प्यार किया था

एक-दो जाम

एक-दो जाम और आज की शाम
देखो वो सामने खड़ी है रात
ऐ असीराने-गर्दिशे-अय्याम[1]

रात के बाद सुब्ह आएगी
सुब्ह के बाद दोपहर और शाम
और फिर रात
इक भयानक रात
एक-दो जाम और आज की शाम

---

1. समय-चक्र के क़ैदियों

हमसफ़रो

तिश्ना-लब[1] पा-शिकस्ता[2] हमसफ़रो
इस तरफ़ देखो
मेरी बात सुनो
दिल में उम्मीद को जगाए रहो
मिशअले-हिज्र[3] को जलाए रहो
पाँव पड़ती हैं जो सदाएँ उन्हें
सर पटकती हैं जो हवाएँ उन्हें
मुड़के मत देखो, मुड़के मत देखो
दो क़दम और दूर है कितना
शब के सेहरा से सुब्ह का दरिया

---

1. प्यासे; 2. टूटे पाँव वाले; 3. वियोग की मशाल

मेरे सिवा

किसकी आवाज़ के शोले की लपक उठती है
किसकी ख़ुशबूए-बदन उड़ती है
क्यों फ़िज़ा बदली हुई लगती है
क्या कोई और भी है मेरे सिवा
फैले हुए सेहरा में
ज़ीस्त[1] जिसके लिए तनहाई है
जुस्तजू[2] जिसको हक़ीक़त की यहाँ लाई है
क्यों फ़िज़ा बदली हुई लगती है
क्या कोई और भी है मेरे सिवा
फैले हुए सेहरा में ?

---

1. जीवन, 2. तलाश

एक लम्हे से दूसरे लम्हे तक

एक आहट अभी दरवाज़े पे लहराई थी
एक सरगोशी अभी कानों से टकराई थी
एक ख़ुशबू ने अभी जिस्म को सहलाया था
एक साया अभी कमरे में मेरे आया था
और फिर नींद की दीवार के गिरने की सदा
और फिर चारों तरफ़ तेज़ हवा !!

अशआर

जाने दीवार से उलझी कि किसी ख़ुशबू से
सू-ए-गुलज़ार[1] गई लौटके आई न सबा[2]

•

ये इज़्तराब अज़ल[3] से मेरा मुक़द्दर है
मैं कुछ करूँ पे मेरा जी बहल नहीं सकता

•

हमें यक़ीन है तू आज भी न आएगा
तमाम रात मगर फिर भी जागना है हमें
तेरे करम को सितम में बदलते देख लिया
अब और क्या है जो दुनिया में देखना है हमें

•

वक़्त को क्यों बुरा-भला कहिए
तुझको होना ही था जुदा हमसे

•

होने को है बहुत ही बड़ा कोई हादसा
लगने लगी है शक्ल तेरी अजनबी हमें
चाहा है तुझको तेरे तग़ाफ़ुल[4] के बावजूद
ऐ ज़िंदगी तू याद करेगी कभी हमें

•

मुद्दतों से मिले नहीं हम लोग
दरमियाँ कोई फ़ासला तो नहीं
सुब्ह से दिल उदास है मेरा
रात मैं ख़्वाब में हँसा तो नहीं

•

हैं ख़त्म अहले-दर्द पे ये वज़अदारियाँ[5]
जिस मोड़ पर मिले थे उसी पर जुदा हुए

•

माना कि दोस्तों को नहीं दोस्ती का पास[6]
लेकिन ये क्या कि ग़ैर का एहसान लीजिए

•

तूफ़ाँ तो क्या किनारा भी आया न साज़गार[7]
बरहम[8] कुछ इतनी मौजे-बला[9] हमसे हो गई

•

कुछ नहीं खुलता कि क्यों मेरे क़दम जाते हैं
ऐसी मंज़िल की तरफ़ जिसका पता कुछ भी नहीं

•

मुझको ले डूबा तेरा शहर में यकता[10] होना
दिल बहल जाता अगर कोई भी तुझ-सा होता

•

क़ाफ़िले आए भी चले भी गए
है हमें इंतज़ार अब किसका

•

दिल था कि ज़िद रही, तेरी कूचे में उम्र हो
रहने को यूँ तो गोश-ए-सेहरा[11] हमें भी था

•

आँखों में तेरी देख रहा हूँ मैं अपनी शक्ल
ये कोई वाहमा[12], ये कोई ख़्वाब तो नहीं

•

---

1. चमन की तरफ़; 2. बेचैनी; 3. सृष्टि का प्रारंभ 4. उपेक्षा; 5. उम्दा तौर-तरीक़े; 6. ख़याल; 7. अनुकूल; 8. क्रुद्ध; 9. तूफ़ानी लहर; 10. अद्वितीय; 11. रेगिस्तान का कोना 12. भ्रांति